명상 첫걸음

용맹정진 참선과 명상에 대한 소상

명상 첫걸음

홍무흠 지음

새벽*별

명상 전도사가 된 청년 행자

22살 인생이 서툰 청년은 생애 첫 경험을 접하고 충격에 빠지게 된다. 대학을 다녔던 그는 이런저런 연유로 머리를 삭발하고 산속 절로 들어가게 된다. 처음에는 구미 금오산에 있는 약 900m 높이의 아주 조그만 약사암이다. 그러다 해인사로 들어갔고 얼마 있다 다시 비슬산 꼭대기 부근에 자리한 암자인 도성암으로 주지스님과 함께 걸음을 옮겼다. 청년 행자의 역할은 일곱 스님들이 참선을 하고 있는 선방인데 밥을 담당하며 수행하는 부엌 공양주였다.

당시만 해도 이 암자는 전기가 들어오지 않고, 신도들의 출입도 금지된 곳이다. 그야말로 세상과는 소통이 끊어져 있는 은둔의 수행 공간이다. 아침은 큰 솥에 쌀에 콩을 섞어서 죽을 끓이는 콩죽이다. 새벽 두 시 전에 일어나 스러질 듯 기울여진 법당에서 선방 스님들과 죽비 세 번을 두드리면서, 절 세 번을 하면 이것이 예불의 끝이다. 간단해서 좋지만, 큰 절 해인사에서처럼 법당에 대중 백여 명이 운집해 3시에 새벽 염불을 합창하는 장엄함과 너무나 비견되는 쓸쓸함이다.

새벽 다섯 시면, 십여 분쯤 캄캄한 산길을 작은 빛에 의지해 내려가서 깊은 산속 옹달샘 물을 길어와야 한다. 오가는 밤길에 이름 모를 산새는 어찌나 처량한 소리를 내는지 산새와 정을 나누려 생각하니 이름이 궁금했다.

"스님 이 산에 밤에 우는 새는 무슨 소리를 내며 웁니까?"

"어미 죽고 아비 죽고 하는 소리야."라며 주지스님이 웃으신다. 도시에만 살던 나는 가슴이 철렁했다. 더욱이 겁이 많아 그렇잖아도 물 길으러 가는 길이 발이 떨어지지 않았으니 염불만 중얼거리며 오르내렸다.

콩은 익지 않고 쌀은 퍼지고, 여섯 시 아침 공양은 죽을 맛이다. 그러나 대중 스님들은 공양주 담당 행자인 나를 타박하기보다는 딱딱한 콩을 씹으며 맛있다는 모습이었다. "콩이 덜 익어 씹을수록 구수 하구먼"라고 한다. 오십의 나이 비구 스님들 가운데 한 분, 비구니 사찰로 이름난 울산 석남사 인홍 스님의 말씀이다. 당시 육십은 넘은 나이인데, 알 수 없는 깨달음의 소리로 들렸다.

낮이면 손바닥만한 채소밭에 자급자족을 위한 울력을 한다. 함께 일하는 스님과의 이야기에서 '잠을 자지 않고 용맹 정진'을 한다며 담담히 말해, 내 귀를 의심했다. 밤새 잠을 자지 않아! 그것도 하루 이틀이 아니라? 불가에서도 웬만한 수행력으로는 감당할 수 없는 '장좌불와' 즉 눕지도 않고 기대지도 않고 앉은 채로 참선수행을 계속한다는 말이다. 이게 가능할까? 청년 행자는 사실을 알고 싶었다.

여유가 있는 낮에 조금 잠을 자고 자정 무렵부터 예불 전 시간까지 살폈다. 선방 스님들의 모습이 아~ 누워서 자는 것이 아니라 조금씩 조는 듯 보였다. 다음날에도 그다음 날에도 결기에 찬 호기심은 사정

없이 무너지고, 나 자신이 완패한 것이다.

스님께 물었다.

"왜 눕지도 자지도 않고 정진하는 겁니까?"

"화두를 놓지 않으려는 일념에서 늘 깨어 있고자 하는 정진이지"

그리고 몇 달 후 군 입대에 떠밀려 산을 내려왔지만, 내 머릿속에는 무엇이 깨어있으며, 또한 깨치고, 그러면 뭐가 달라지나가 문득문득 나를 지배하고 있었다.

그 이후에도 불교와의 인연을 놓지 못하고 부족한 불교 공부 겸 강의를 전국적으로 하게 되었다. 깨달음을 위해서는 어떤 방법이 있을까? 소위 수행 방법이다. 내가 얻은 답은 '행주좌와 어묵동정' 걸어가거나 머무르거나, 말을 하거나 하지 않거나 화두를 놓지 않는다. 그리고 또 하나 '평상심이 깨달음이다'라는 지극히 단순한 평범한 가르침이다. 그때부터 평상심이 무엇인가?를 놓치지 않고 생각하게 되었다.

그러한 인식 속에서 한국 간화선 불교를 들여다보니, 산속에서 오직 깨달음 하나만 붙들고 20년, 30년을 정진해도 깨달음의 경지를 얻을지 말지 의문을 준다는 것을 알게 되었고, 특히 사회인들의 생활로는 너무나 먼 이야기라는 것 즉, 허상을 쫓아가는 흉내 내기라는 것을 알았다.

2006년 초판을 발행한 선요禪要는 선의 핵심을 가장 극명하게 보여주는 책이라며 책에 감수의 말을 쓴 선승 고우古愚 스님은 전통 조사선은 불교를 가장 깊이 이해하는 세계 유일의 불교 유산이라고 했다. 그러면서 선의 입장에서 보면 저급하고 일상적이라고 비판받을 법도 하지만, 오히려 남방이나 티베트의 불교가 세계적으로 존경받고 있는 것이 왜인지 되물었다. 스님은 선불교 내부에서 문제의 해답을 제시했으나, 필자로서는 과연 그럴까?라고 반문해 보지 않을 수 없다.

첨단 기술로 급변하는 현대사회에서는 도저히 설득할 수 없는 이분법의 세상을 논하는 것이라 생각이 들었다. 그럼 무엇으로 사람들의 힘든 삶의 고통과 상처에 다가가야 할까? 그 해답은 동양의 종교가 서양으로 건너가 여러 과학적으로 검정되고 인정받아 동양으로 다시 돌아온 명상을 만나고 눈이 뜨였다.

한국 불교에서는 수행의 완성을 참선 즉, 화두(공안)를 들고 참구하는 간화선이 최고라 하는 생각이 고착화되어 있고, 명상은 소승 불교를 지향하는 남방 불교에서나 하는 정도여서, 대승선의 깨달음에는 못 미치는 한 급수 아래로 보는 생각이 지배적이었다. 그래서 한국의 불교나 사회적 정서에서는 명상을 가까이하지 않았던 것이다.

그런데 한국에서도 10여 년 전부터 서양의 명상 소리가 울리기 시작했다. 유럽을 비롯해 미국의 실리콘밸리의 기업, 마이크로소프트를 비롯해 많은 기업의 CEO와 직원들, 유명 연예인, 스포츠 스타, 정치인들이 명상을 하고 있고, 종교에 상관없이 폭넓게 확산되고 있다는 것이다.

서양에서 건너와 번역된 명상 지도서에는 서양의 기독교적 사고에서 리모델링한 대부분의 명상가들이 명상 알림 속에 영성, 영적 수행, 종교를 빼고 하는 명상이라는 말을 사용하고 있다. 이는 바로 잡아야 하는 것이다. 명상의 출발은 종교로 분류되는 불교가 아니라 인류의 구원을 제시한 석가모니의 고행을 마치고, 보리수 아래에서의 명상인 것이다. 붓다의 명상 후 밝힌 내용인 근본 불교를 근거로 하지 않으면 명상의 방향은 상당히 의문을 제시할 수밖에 없게 된다.

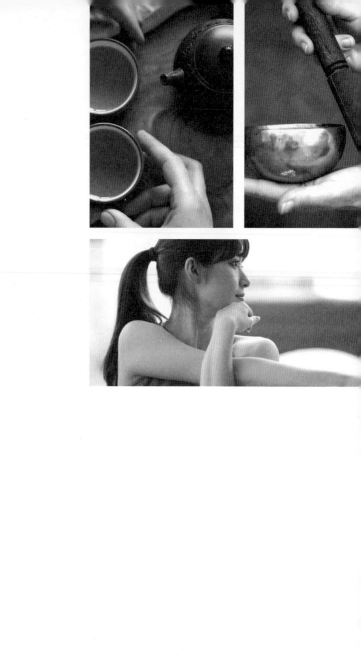

프롤로그 명상 전도자가 된 청년 행자 · 4

CONTENT

1장 명상에 앞서 · 11

2장 명상의 원리 · 23

3장 명상의 여러 종류 · 43

4장 생활 속 명상 방법 · 57

58 · 걷기 명상   96 · 싱잉볼 명상
60 · 호흡 명상   101 · 요가 명상
65 · 마음 빼기 명상   116 · 자비 명상
68 · 바디 스캔 명상   118 · 관상 명상
69 · 먹기 명상   118 · 초월 명상
70 · 그림 명상   119 · 식물 명상
73 · 차크라 명상   121 · 차 명상
91 · 음악 명상   122 · 색채 명상
                      127 · 별빛 명상

부록 스타와 명상 · 129

130 · 타이거 우즈
137 · 마이클 조던
142 · 오프라 윈프리
151 · 유발 하라리
160 · 빌 게이츠
165 · 스티브 잡스
170 · 아인슈타인

명상에 앞서

명상은 자신의 감정과 생각이 형성되는 방식과 이유를
자각하고 이해하는 법을 훈련하며 그 과정에서 균형 잡힌
건강한 시각을 얻는 것이다. 건강한 시각을 갖게 되면 자신의
삶에서 원하는 어떤 변화든 실현될 가능성이 훨씬 커지는 것이다.

명상으로 들어가는 말

명상은 나의 내면으로 떠나는 여행이며, 자신을 재발견하는 여정이다. 명상은 바쁜 일상에서 벗어나, 고요한 사색과 침묵 속에 앉아서 내 존재의 중심으로 다시 돌아갈 수 있는 시간을 갖는 것이다.

바쁘게 돌아가는 일상 때문에 안정되어 있지 못할 때, 우리의 의식은 여기저기로 분산되며 그때부터 자신은 스트레스와 갑갑함을 느끼기 시작한다. 그리고 점점 시간 이 지나면서 이러한 느낌들은 자신을 신체적, 감정적, 정신적으로 병들게 하여 균형을 잃게 만드는 원인이 된다.

명상을 처음 시작하게 되면 어떤 기대를 하게 된다. 몸의 통증이 사라지기를 기대한 다든지, 마음의 고통이 사라지기를 기대한다. 그러나 기대를 하는 것은 지금 이 순 간의 삶을 살지 않는 것이다. 즉, 이 순간보다는 지난 시간을 회상하고 있다고 본다. 그러나 어떤 기대감도 없이(버리고) '그저 앉아 있을 뿐'이라는 마음으로 앉아야 한다.

명상의 목적은 명상을 하는 자신이 그것을 어떻게 이용할지를 결정함으로써 규정하는 것이다. 명상 기술의 경우도 마찬가지다. 그것을 삶의 모든 영역에 적용할 수 있으며 그 가치는 자신이 명상에 어느 정도의 가치를 부여하느냐에 따라 달라진다.

명상과 마음의 관계

마음을 사용하지 않고 할 수 있는 일은 한 가지도 없다. 우리는 운동으로 몸을 건강하게 만드는 것은 당연시하면서도 마음의 건강은 미뤄 두는 것이 일상생활이다. 이는 마음의 건강 챙김은 눈으로 확인할 수 없기 때문이기도 하고, 가능성이 없다는 생각이던 이유는 중요하지 않다.

삶의 행복감이던, 충만감이던, 다른 사람들과의 긍정적인 관계든, 우리는 바람직한 모든 것을 마음에 의존해 추구한다.

　매일 약간의 시간을 내서라도 마음을 챙겨보고 마음의 건강을 유지하는 것은 필수적이라 생각해야 한다. 더욱이 명상은 만능 스트레스 해소법이자 마음을 위한 상비약과도 같은 것이기 때문이다.

명상은 경험의 결과물

명상은 약간의 기술인 동시에 경험이다. 명상을 인식하면서 이해하려면 반드시 자신이 직접 해봐야 한다. 명상은 또, 일종의 거품 같은 개념이 아니며 철학이나 사상도 아니다. 다만, 현재의 순간을 직접 경험하는 것이다.

　명상의 '목적을 규정하는 일'이 자신에게 달렸듯이 명상의 '경험'을 규정하는 일도 자신의 몫이다. 이는 맛집 정보를 충분히 이해했다 하더라도, 그 음식을 실제로 먹어보는 것과는 상당히 차이가 있을 수 있다.

　명상의 진정한 효과를 경험하려면 반드시 자신이 직접 해봐야 한다. 그러면 새로운 자신을 경험하게 된다. 그렇다고 자신을 다른 사람이나 새로운 사람으로 바꾸는 것과는 다른 개념이다.

　명상은 자신의 감정과 생각이 형성되는 방식과 이유를 자각하고 이해하는 법을 훈련하며 그 과정에서 균형 잡힌 건강한 시각을 얻는 것이다. 건강한 시각을 갖게 되면 자신의 삶에서 원하는 어떤 변화든 실현될 가능성이 훨씬 커지는 것이다.

　우리의 삶에서는 좋은 일과 나쁜 일 그리고 평범한 일상의 일이 있다. 이런 일 속에서 나쁜 일에는 고통스러운 일이 따르기 마련이다. 만일 육체적인 고통이라면 현대 의학을 통해 최선의 치료를 기대할 수 있지만, 정신적인 고통이라면 근본적으로 없앨 수는 없지만 고통에 휘둘려 힘들어하는 데에 서는 벗어나야 하는 것이 당연하고 생각할 것이다. 그래서 자기 나름의 여러 방법을 활용해 보지만, 실체가 보이지 않는 마음의 고통은 벗어나기가 쉽지 않다는 것을 경험할 수 있다.

특히 복잡하게 돌아가는 현대사회 속에서 살아가는 도시인들은 여러 가지 정신(마음) 질환이 소리 없이 다가오고 이에 노출되어 있다고 해도 틀린 말이 아니다. 필자가 사회봉사를 하면서 지체장애인 단체를 자주 찾곤 했다. 이때 함께 봉사하는 이들에게 이렇게 말하곤 했다. "우리는 누구나 장애인이 될 수 있다." 물론 평범한 말이다. 그 후 약 10여 년이 지난 어느 날 갑자기 직장 생활의 과로로 뇌경색을 경험하고는 정부기관으로부터 '뇌 병변 5급 장애' 판정을 받고 장애증을 받은 것이다.

물론 이는 비록 뇌를 손상했지만, 일상 속에서 마음 또한 다르지 않다. 그렇다면 이를 방어할 준비를 평소에 하지 못한다면 쉽게 당할 수밖에 없을 것이다. 특히 현대인들에게는 이런 일이 일어나고서야 괴롭고 힘들어하게 된다. 그러한 경험은 특히 직장인들과 청소년 학생들에게 많아 일어나고 여성들도 이들의 범주에서 쉽게 노출되어 있다. 그러나 미리 준비가 되지 않아서 지금도 고통에 노출되어 있다면 생각할 필요 없이 바로 명상하기를 권한다.

명상 어떻게 받아들이고 준비할 것인가?

명상은 마음을 마음을 자연스럽게 안으로 몰입시켜 마음의 고통으로부터 인간을 해방시켜 몸과 마음의 건강을 회복할 수 있게 하는 수련이다. 수련이라 표현해서 종교적 수행과 같이 어렵고 힘든 과정이 아니라 일상생활 속에서 편안하고 쉽게 다가갈 수 있는 것이다. 그러나 다만 명상의 여러 책이나 유튜브 등을 통해서 하는 간접 경험으로서는 아무런 효과를 볼 수가 없다. 비록 어눌하지만 자신에게 느낌이 오는 명상 방법을 택해서 직접 체험해 보아야 한다는 것을 강조하고 싶다.

명상에 관한 책들만 해도 국내에는 70여 편 소개되었고 지금도 출판을 기다리고 있을 것이다. 또한 유튜브나 명상 앱 등도 헤아릴 수 없을 정도로 많이 쏟아져 나오고 있다. 가히 현대는 명상 문화의 시대가 되어 가고 있는 것이다. 그러나 이러한 풍요 속에서도 명상을 믿지 않으려고 하거나 막연히 멀기만 생각하는 사람들도 적지 않다.

미국의 IT 황제 빌 게이츠도 명상을 '미신 정도'로 생각했었다. 그러다 세계적으로 명성을 날리고 있는 유명 작가 유발 하라리의 저서 『21세기를 위한 21가지 제언』을 읽고서는 지난 시간 명상의 생각을 깨끗이 지우고 실리콘밸리의 명상 아이콘으로서 자신의 개인 블로그 등에 체험담 등을 올리고 있다.

이러한 분위기와 함께 미국 등 선진국에서는 뇌과학의 발전으로 명상의 효과를 과학적으로 입증하고 있어 명상이 더욱 신뢰를 받고 있다. 마음의 움직임이 몸을 지배한다는 원리는 명상의 가치를 입증한 것이다. 명상은 이제 현대인들에게 거부할 수 없이 가까이 다가와 있다. 우리나라 또한 그 출발선상에 서 있는 것이다.

그러나 온갖 종류의 명상이 유행하다 보니 명상을 처음 접하려는 사람들은 가끔 혼란스럽다. 특히 청소년들은 명상에 다가가기가 어렵다고 생각하는 것이 현실이다. 그러나 지금부터 소개하는 명상의 여러 방법들은 결코 어려운 것이 아님을 곧 알게 된다.

명상의 종류와 방법은 매우 다양하지만, 크게 보면 그것들은 집중명상, 통찰명상, 초월명상 가운데 하나에 해당된다.

명상과 마음 수련의 세 요소

명상은 마음 수련에 세 가지 핵심 요소인 '접근, 명상 수련, 통합' 중 두 번째 요소에 해당한다. 먼저 명상에 접근하는 방법을 이해하는 것이다. 이것은 마음의 역할을 이해하고 명상을 수련할 때 마음이 어떻게 변화하는지 알게 되는 것을 의미한다.

자신에게 맞다고 생각되는 명상 기법을 통해 수련하고, 명상에 익숙해지면 그렇게 달라진 마음 상태를 일상생활에 통합해야 한다. 이 요소를 배제한다면 명상의 본질을 잃어버린 것이나 다름없게 된다.

명상이 진정으로 효능을 발휘하려면, 그리고 자신이 명상으로 무엇을 얻으려면 반드시 세 요소를 모두 고려해야 한다. 명상에 가장 잘 접근하는 법과 명상을 가장 잘 수련하는 법, 명상을 일상에 가장 잘 통합하는 법을 모두 알아야 한다는 뜻이다.

명상과 마음 챙김

마음 챙김 명상법은 최근 각광받는 심리치료 방법으로, 과거의 경험을 생생하게 떠올린 후 새로운 시각으로 바라보는 명상법이다. 현재의 순간을 있는 그대로 수용적인 태도로 자각하는 것을 뜻하며, 사고 자체를 바꾸려고 애쓰는 것이 아닌 사고에 대한 태도를 변화시키는 것에 초점을 맞추는 명상이다.

마음 챙김은 주의를 집중해 오직 현재에, 지금 이 순간에 존재하는 것을 의미한다. 마음을 쉬게 하며 알아차림의 자연스러운 상태에 이르게 하는 것을 말하는데, 이 경우 선입견도 없고 판단도 하지 않는 마음 상태가 된다.

마음 챙김은 현재에 존재하는 것을 의미한다. 다른 일에 정신이 팔리거나 생각에 사로잡히지 않고 '그 순간에' 존재하는 것, 지금 펼쳐지고 있는 삶을 직접 경험하는 것을 의미한다.

마음 챙김은 한 걸음 물러나 일상의 혼란에서 벗어나, 자연스러운 상태에서 마음을 쉬게 하는 것이다. 잠시 시간을 갖고 그런 방식으로 사는 삶이 어떠할지 상상해 보면 마음은 온통 복잡하게 뒤섞인다. 이를 내려놓은 것은 것을 상상해 보면, 마음 챙김이 바로 그것을 의미한다.

그러나 자신이 그간 생각에 사로잡혀 살아왔었다면 그렇게 한 걸음 뒤로 물러서는 법을 배우기란 쉬운 일이 아니다. 그것이 가능하려면 올바른 조건이 갖춰져야 한다. 명상이 필요한 이유가 바로 여기에 있다. 명상은 결코 신비로운 것이 아니다. 명상은 다만 마음 챙김의 기술을 실행하는 데 필요한 최적의 조건을 제공하는 한 가지 기법일 뿐이다.

마음 챙김의 기본자세
- 편안한 자세로 앉아 마음을 이완한다.
- 무엇이 떠오르든 현재의 순간에 집중한다.
- 의식하지 못했던 수많은 삶의 영역들을 자각한다.

헤드스페이스Head Space란?
지금 이 순간 어떤 감정이 일든 흔들리지 않는 확고한 만족감이나 충족감, 즉 마음의 근원이 평온한 상태를 묘사하는 말이다. 즉, 본질적으로 어떤 생각이 들고 어떤 감정이 생기든 그에 '만족하는 것'을 의미한다. 그렇기에 명상을 하면 처음 시작해도 기분이 밝아짐을 느낄 수 있다.

다시 강조하면 "당장 효과가 없다고 생각되더라도 걱정하지 마라. 시간이 흐르면 흐를수록 명상이 점차 편하고 친숙해진다. 설령 지금 아무런 느낌이 없더라도 우리의 뇌와 마음속에서는 분명한 변화가 일어나고 있다는 사실을 기억하면 된다."

헤드스페이스 실전 명상 연습

A 준비 단계

a 명상을 편하게 할 수 있다고 생각되는 장소를 찾는다.

b 명상을 하는 동안 핸드폰 등 방해가 될 수 있는 것은 정리한다.

c 알람을 10분에 맞춰 둔다.

d 등을 곳곳이 펴고 목을 약간 당겨서 편하게 자리에 앉는다.

B 명상으로 들어가기

a 먼저 숨을 코로 들이쉬고 내쉬는 방법으로 심호흡을 5회 정도 실시하면서 눈을 지그시 내려 감은 듯한다.

b 방바닥에 앉았으면 바닥의 느낌을, 의자에 앉았으면 앉은 몸과 바닥에 딛고 있는 발의 감각에 집중한다.

c 몸 전체를 머리끝부터 아래로 마음속으로 집중해 보면서 어느 부위가 편안하고 이완되어 있는지 어느 부위가 불편하고 경직되어 있는지를 느껴 본다.

d 이때 어떤 느낌이 드는지 알아차리고, 지금 이 순간의 기분을 느껴 본다.

C 집중으로 들어가기

a 몸의 어느 부위에서 들숨과 날숨이 가장 강하게 느껴지는지 알아차린다.

b 숨을 쉴 때마다 각각의 호흡이 어떻게 느껴지는지, 그 리듬을 알아차리고, 호흡이 긴가, 짧은가, 거친가, 부드러운가를 알아차린다.

c 들숨과 날숨에 집중하면서 조용히 호흡을 세어본다. 들숨에서 하나, 날숨에서 둘, 다시 들 숨과 날숨에서 셋, 넷으로 새면서 열까지 센다.

d 자신이 명상을 시작하는 단계에서 몇 차례 반복해서 한다.

D 집중 풀면서 마무리

a 자신이 집중했던 대상을 모두 내려놓는다. 이때 마음의 상태를 숨을 10여 차례 쉬는 동안 그대로 둔다.

b 그리고 명상을 시작할 때 같이 몸과 발바닥까지의 감각에 주의를 가진다.

c 이제 마쳐도 되겠다는 생각과 함께 명상을 모은다.

d 이때 어떤 느낌이 드는지 알아차리고, 지금 이 순간의 기분을 느껴 본다.

마음 챙김의 준비와 실행

A 앉아서 하는 명상

불교의 참선에서 자세는 가부좌를 하고 앉아서 허리를 곧게 펴고 눈은 코끝을 바라볼 정도로 지그시 내려서 감는 듯 뜨고 좌선을 하는 것이 일반적이다. 명상의 자세는 그보다 자유롭다고 볼 수 있다. 또한 참선의 유형은 '행. 주. 좌. 와'라고 한다. 즉, 걷거나, 머무르거나, 앉거나, 눕거나 이다.

명상에서도 이를 함께 적용해서 유형을 나누고 있어 이는 각자의 선호에 따라 고르라는 것이 아니라, 모두 마음 챙김에 이르는 하나의 방편

이라고 생각하면 된다.

B 누워서 하는 명상

누워서 하는 와선에서는 화두를 든 일종의 집중 수행이지만, 명상에서는 잠을 잘 자도록 가르치는 기법이다. 잠자기가 쉽지 않은 사람에게는 이 명상을 하면서 잘 수 있는 것도 명상의 효과인 것이다. 또한 건강상의 문제로 똑바로 앉아서 명상할 수 없을 때의 기법이다.

명상을 하며 잠을 잔다는 개념은 올바른 자세로 누워 올바른 마음가짐을 유지하면 잠을 자는 동안에도 일정 정도의 알아차림을 유지할 수 있음을 시사한다.

머물러 서서하는 바라보기 명상은 집중 명상 등 모든 명상 기법과 연관되어 있으니 별도로 소개를 하지 않고, 걷기 명상은 다음 별도의 장에서 설명하기로 한다.

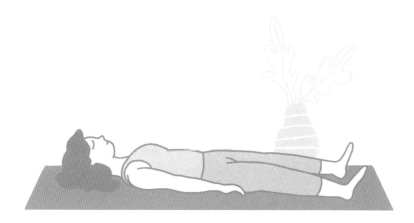

C 5분간 명상 연습

a 편안한 자세로 앉아 눈을 감고 1분이나 2분 동안 있어 본다. 이런저런 생각이 떠올라도 괜찮다. 지금은 그냥 그런 생각들이 오고 가게 놔둔다. 아무것도 하지 않고 가만히 앉아 있는 것이 어떤 느낌인지 느낀다.

b 앉아 있는 곳에서 바로 실행해 본다. 눈을 뜨고 주변에 있는 특정한 물건이나 마음이 가는 대상을 택해 집중해 본다.

c 어떤 감각에 집중하든 그것에 가능한 오래, 그리고 편안하게 집중한다. 생각이 끼어들거나 다른 감각에 관심이 가는 등 주의가 흐트러지면 그냥 지금까지 집중한 대상에 조용히 주의를 되돌려 본다.

d 자신이 모호하게 집중하는 동시에 어렴풋이 다른 생각을 떠올렸을 수도 있다. 대부분의 사람은 한 대상에 겨우 1분 만이라도 집중하는 것만으로도 큰 성과다.

* 이 명상 연습은 모든 것이 귀찮고 하고 싶은 충동을 느끼지 않는 사람들이면 한번 해 보는 것이 좋다.

D 10분간 명상

지금까지 알려져 행하고 있는 명상 수련이 너무나 다양하고 각각의 기법은 나름의 전통과 특정한 주요점을 가진다. 거의 모든 기법의 핵심 목표는 언제나 긴장을 풀고 현재에 집중하며 자연스러운 알아차림의 상태에 머무르는 것이다.

모든 명상 수련은 두 가지 요소를 공통적으로 갖는다. 마음을 가라앉히는 측면의 정신 집중과 통찰력을 얻는 측면의 명료함이 두 가지 요소다. 명상 기법은 통상 명상에 접근하는 방식과 원하는 결과를 기준으로 구분한다.

예를 들면 집중력을 키우기 위해 고안된 기법이 있고 자비심을 고양하거나 수련력을 향상시키기 위한 기법도 있다.

E 알아차림 명상

마음 챙김 명상이라고 불리는 알아차림 명상, 전통적으로 나에 대해 깊은 이해를 통해 지혜와 통찰이 생기는 명상법으로 알려져 있다. 내 마음에 습관적 패턴을 이해하게 되면서 자기도 모르게 자기가 쳐놓은 심리적 거물에서 벗어나 내면의 평화를 만들어 준다. 또 자기 인지력이 높아져서 내가 무엇을 원하고 누구인지를 깨닫게 되는 시간을 가질 수 있다.

2장

명상의 원리

명상의 중요한 특징은 생각을 끊어 전전두엽을 쉬게 하고
안정시킴으로써 건강한 뇌를 회복하도록 도와주는 것이다.
생각이 개입되지 않은 자연스러운 몸 움직임을 계속하면
전전두엽은 안정되고 충만되어 뇌기능이 좋아질 수 있다.
뇌기능이 좋아지니 몸도 자연스럽게 좋아지는 것이다.

명상의 효과

명상은 자신과 대상에 대한 관찰과 이해이며, 자각과 집중을 바탕으로 하고 있다. 이러한 자각과 집중, 관찰과 이해를 통해 자신과 타인, 세상의 고통을 진정한 행복으로 바꾸어 가는 것이다.

명상은 스트레스, 불안, 강박 등의 정신적 고통을 극복하고, 정신적 고통에 따른 두통이나 불면증, 신경성 건강을 완화시키다는 것이 과학적으로 입증되어 있다.

스티브 잡스는 "명상을 통해 마음속에 있는 창조성을 최대화할 수 있다"라고 자신의 경험을 밝혔다.

명상의 효과는 크게 집중력 향상, 감정 조절, 스트레스 해소를 꼽을 수 있다. 명상을 하면 이러한 효과가 나타나는 이유는? 노파와 연관 지어 이해할 수 있다. 명상을 할 때에 자신의 뇌는 수축 반응을 억제하여 근육을 이완 상태를 만드는 '알파파'를 내보낸다. 그러면 잡다한 생각이 사라지고 혼란스러운 감정이 편안해진 상태가 된다.

생각이 사라지면 의식을 하나로 모을 수 있어 집중력이 높아진다. 생각과 감정은 밀접한 연관이 있다. 생각이 사라지면 그로 인해 일어나는 감정도 사라진다. 명상으로 감정을 조절할 수 있게 되는 것이다.

스트레스는 보통 긴장 상태가 지속될 때 받는다. 긴장이 계속 지속되면 머리가 뜨거워지고 어깨와 목이 굳게 된다. 이는 육체나 정신적으로 긴장되어 굳어있는 몸과 마음을 스트레칭을 해 몸을 푸는 것이라 생각하면서 명상을 해 본다고 생각하면서 가볍게 시작한다.

스트레스 자극과 스트레스 반응

A 스트레스 자극

전통적으로 스트레스 자극은 개체의 생존에 위협을 주는 사건이나 상황들. 즉, 개체가 자신의 생존에 위협이 된다고 인지하는 시간들을 의미한다. 따라서 자연재해나 전쟁, 테러 등과 같이 보편적으로 생존에 위협이 되는 사건들이 명백히 스트레스 자극이 된다.

그리고 일상에서 경험하는 생활 사건들이다. 특히 일상의 큰 변화와 적응을 요구하는 생활 사건일수록 더 많은 이들에게 더 높은 수준의 스트레스를 일으킬 가능성이 크다. 그리고 스트레스 자극은 일상의 장애들hassles이다. 여기에는 복잡한 도시 생활이나 환경오염과 같은 불편한 생활환경 등 일상적인 갈등이 포함된다.

앞서 서술한 자극들은 주로 외부에 존재하는 것이지만, 스트레스 반응을 쉽게 일으키는 내부적인 요인들도 있다. 다른 사람들보다 더 스트레스 자극에 쉽게 반응하는 양상이나 성격 유형을 말하는데 가장 널리 알려진 것이 A형 성격이다.

과도한 경쟁, 공격성, 조급함, 적개심과 성공 지향성 등을 특징으로 하는 이 성격을 지닌 사람들은 관상동맥 질환의 위험성이 높음이 밝혀졌다. 그리고 부정적인 성격이나 의존적인 성격 등도 스트레스에 취약한 성격이라 할 수 있다.

스트레스는 많은 책임과 선택을 강요하는 바쁜 생활 탓에 우리의 몸과 마음은 몸과 마음은 자신이 감당할 무게를 넘어서 있는 것이다. 이렇게 삶이 복잡해지면서 스트레스 관련 질환의 발병률이 증가한 것은 당연한 귀결인 것이다.

이를 분석하는 통계에 따르면, 불안과 우울증, 과민성, 중독, 강박 행동방식은 물론이고 만성 피로와 불면증 등 스트레스의 일반적인 신체적 증상 역시 현대사회에서 급격히 증가했다.

대개는 하나의 스트레스가 또 다른 스트레스로 이어지기 마련이다. 그렇게 사는 것이 뭔지 고민하는 상황이 조성하는 것이다. 바로 그런 상황을 수련된 명상을 통해서 무슨 일이 일어나는 근원적인 충족감과 행복감, 즉 헤드 스페이스를 얻도록 만드는 일이 그토록 중요해지는 것이다.

B 스트레스 반응

스트레스 자극을 생존에 대한 위협으로 인식하는 경우에 생활 기능을 가지고 있는 조직체인 유기체는 비교적 일정하게 정형화된 생리적, 심리적인 반응을 보인다. 이를 스트레스 반응이라고 하는데 투쟁-도피 반응이라고 적절하게 이름 붙였고, 이를 발전시켜서 일시적 적응 증후군 genaral adaption syndrome이라는 개념을 제안하였다.

명상은 몸과 마음의 '이완'이다. 명상을 하면 휴식하는 것처럼 마음을 쉬게 하고 몸을 편하게 해서 긴장이 풀어진다.

스트레스의 주요인이 바로 '긴장'인 것이다. 그래서 모든 것을 내려놓는다는 마음 자세와 명상 호흡이 몸과 마음의 긴장을 풀고, 스트레스의 원인이 되는 여러 가지 고민에서 떠날 수 있게 만들어주는 것이다. 그러면, 또 자신과 세계에 대한 깊은 통찰력을 얻게 된다.

명상과 암환자의 치료와 삶은?

외국 연구 중 90명의 암 환자를 대상으로 7주간 관 조명상을 한 비교 연구에서, 명상을 실시한 그룹은 그렇지 않은 그룹보다 31% 더 적게 스트레스를 받았다. 그리고 67%가 기분 장애를 더 적게 경험했다고 한다. 그래서 외국은 물론 대구 등 국내 의료기관에서도 명상을 암 치료에 접목시키고 있다.

이렇게 명상의 효과는 뛰어나지만, 일반적으로 사람들은 명상의 효과를 반문한다. 과연 복잡한 현대인들의 뇌파를 안정시키고 생각을 멈추고 이완할 수 있는지를 묻는다. 명상을 한다고 앉아 있으면 오히려 조금 전에 일이나 잡생각이 떠올라 생각만 복잡해지는 경우가 다반사이기 때문이다.

그렇기에 현대인들은 짧은 시간 내에 생각과 감정을 털어버리고 몸과 마음을 이완할 수 있는 자신에게 맞는 명상법을 찾는다. 언제 어느 때 스트레스 상황에 노출될지 알 수 없기에 장소에 구애받지 않고 일상생활 속에서 할 수 있는 명상법이나, 평소에 스트레스를 조절할 수 있도록 수련하는 명상을 찾는 일도 많다.

명상과 뇌파 진동의 관계

명상은 공통적으로 마음을 차분하게 하고, 스트레스를 줄이며, 휴식을 취하거나 마음을 훈련시키는 데 효과적이다. 이러한 명상 효과는 체험의 범주를 벗어나 수많은 연구를 통해 그 효과가 입증되었다.

특히 뇌 활동을 시각화하는 뉴로 이미징 기술이 발전하면서 뇌와 명상의 관계를 밝히는 연구와 논문이 꾸준히 발표되고 있다. 뉴로 이미징은 신경계 구조와 기능을 직접 또는 간접적으로 관찰하기 위해 사용된다.

대표적으로 fMRI, PET Positron Emission Tomograpyh, MEG Magnetoencephalography, 그리고 EEG Electro Encephalo Graphy를 들 수

있다. 이중 EEG는 뇌 활동으로 발생하는 전기적 신호를 감지하여 밀리호 단위로 뇌파의 변화를 측정할 수 있었다. 그래서 명상 연구에서도 EEG를 많이 사용한다. 그리고 뇌파 측정을 좀 더 간편하게 할 수 있는 휴대용 EEG 기기 개발로 더욱 다양한 연구에 사용하고 있다.

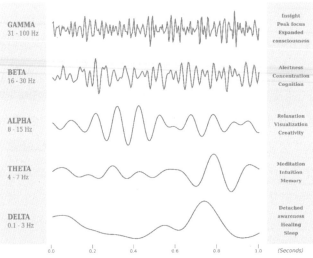

뉴로 이미징 기술의 발전과 더불어 명상이 심신 안정뿐 아니라 통증, 불안, 우울증을 완화하고인지 능력에도 영향을 미친다는 사실이 차츰 밝혀지고 있다. 명상이 청소년 들의 학습 능력 향상이나 스트레스 조절에 도움이 되면서, 인지 능력에도 영향을 미 친다는 사실이 밝혀지고 있다.

또한 중장년기에 노화가 진행되면 신체 능력뿐 아니라 인지 능력도 즉, 기억력도 서서히 감퇴된다. 노화는 자연스러운 일이나, 노화의 속도는 개인별 편차가 크게 나타난다. 편차를 일으키는 원인은 다양하지만, 명상이 노화를 늦출 수 있다는 것은 낯선 이야기가 아니다.

이러한 실험은 2009년 저명한 학술지 <Neuroimage>에 게재된 논문에, 오랜 기간 명상 수련의 그룹이 일반인에 비해 기억력과 깊은 관련이 있는 해마hippocampus 영역의 부피가 더 큰 것으로 보고되었다. 이 연구 외에도 기억력 감퇴 예방뿐 아니라 회복에도 효과가 있음을 밝히고 있다.

뇌는 어떻게 '마음'을 만들어 내고 있을까?

'마음mind'이란 무엇일까? 마음은 의식, 꿈, 감정, 기억 등 현재 자신을 있게 만드는 자신의 일부라고 말할 수 있다. 또한 불교의 '일체유심조'란 말은 쉽게 들을 수 있다. "모든 것이 마음의 작용이고, 마음 밖에서는 구할 바가 없다"라는 말이다.

마음이 실제로는 뇌와 몸, 그리고 주변 세계에 의해 부단히 생성되고 있기 때문이다. 우리는 보고, 생각하고, 느끼고, 주변 세계를 돌아다닐 때마다 몇 가지 요소를 바탕으로 인식한다. 미래의 기계 안에 있는 마음처럼 다른 종류의 마음을 만들어 내는 다른 길이 있을 수 있다. 그러나 인간의 마음은 매 순간 뇌가 몸과 몸 밖과 끊임없이 대화하면서 형성된다.

뇌는 어떤 기억을 떠올릴 때 과거의 단편적 일들을 재현하면서 그들을 완벽하게 결합한다. 이런 작업을 '상기시킨다'라고 하지만, 사실은 '조합한다'라고 하는 것이 더 맞는 것이다. 실제로 뇌는 '같은 기억이라고 여기는 것'을 매번 다르게 구성할지 모른다. 이는 의식적으로 뭔가를 머릿속에 떠올리는 것을 말하고 있는 게 아니라, 물건이나 단어를 보는 즉시 그것이 무엇인지 알아내는 자동적이고 무의식적인 과정을 말하는 것이다.

뇌는 새로운 감지 데이터를 받으면 이전에 유사한 목표를 세웠던 유사한 상황에서 느낀 것과 비교한다. 이처럼 비교하면 모든 감각이 한 번에 통합된다. 뇌는 모든 감각을 일시에 구성한 뒤 그들을 주변 세계를 경험하고 이해하게 해주는 웅장한 신경 활동 패턴으로 표현하기 때문이다.

뇌는 감지 데이터의 적절성과 부적절성 여부를 판단해야 한다. 즉, 신호와 잡음을 구분해야 한다. 이 분야 학자들은 이러한 판단을 '가치판단'이라고 말한다. 가치 자체는 또 다른 추상적으로 구성된 개념이다. 그것은 세상에서 나오는 감각 데이터 본 연의 특성이 아니므로 세상에서 감지가 불가능하다. 가치는 그것을 감지하는 유기체 즉, 자신의 상태에 따라 변한다.

가치 추정 작업에 관여하는 뇌 회로는 자신은 '기분'이라 말하고, 과학자들은 '정서적 반응affect'이라고 말하는, 가장 기본적인 느낌을 감지할 수 있게 해준다. 쾌적함, 불쾌함, 흥분함, 차분함 같은 정서적 느낌은 단순하다. 정서적 느낌이 감정은 아니다. 감정은 더 복잡한 범주를 구성한다.

사람들은 자신의 정서적 반응을 믿고, 어떤 것이 자신과 관련이 있고 없는지 즉, 그것에 가치가 있는지 없는지를 판단한다. 뇌는 몸을 통제하도록 진화했다. 또한 뇌는 이러한 시스템을 통합하고 조정하는 일종의 '명령 센터'와 같다.

뇌는 자신이 보고, 생각하고, 느끼는 것과 같은 의식적인 것, 걷기처럼 의식하지 않고 하는 행동, 그리고 의식 밖의 무의식적인 것이 전부 포함된다. 뇌는 자신이 매 순간마다 과거에 겪었던 경험과 감각 데이터를 토대로 몸 안팎에서 일어날 수 있는 일을 추측하고, 자원을 이동시키고,

행동을 유발하고, 감각을 창조하고, 몸의 모델을 갱신한다.

이 모델이 자신의 마음이고, 자신의 뇌는 생각하고, 느끼고, 보도록 진화하지 않았다. 자신의 몸을 통제하도록 진화했다. 생각, 느낌, 감각, 지능은 그러한 통제의 결과인 것이다.

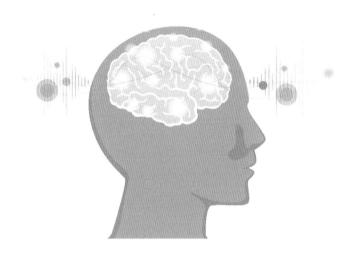

뇌 과학으로 밝힌 일상의 마음

'내 머릿속은 왜 이렇게 복잡할까?' 꼬리를 물고 나타나는 생각 대부분은 '긍정적'인 것보다는 '부정적'인 것 즉, 염려스러움과 직결되는 것이다. 특히 과거의 실수로 인한 자책, 미래에 대한 고민 등이다. 그러다 '답답함'과 '화'라는 감정도 함께 밀려오곤 한다.

인간의 외계는 항상 변한다. 그러므로 뇌(몸)의 평형은 끊임없이 교란된다. 즉, 몸이 차가워지면 추위를 느끼고 너무 뜨거워지면 더위를 느끼게 되는데, 이것은 뇌가 자신에게 '고통'을 주는 방식으로 해서 이에 대한 난방과 냉방으로 '명령'을 유지하라는 요구를 하는 것이다.

자신이 부딪치는 대부분의 상황에서 변연계와 전전두엽은 그것이 주인의 생존에 '유리' 또는 '불리'인지를 자신의 기억과 유전자의 기억을 조합하여 순간적으로 해석한다. 그 해석은 신경계 '뉴런'을 통해 '호감'과 '비호감'이라는 '느낌'을 자신에게 끊임없이 보낸다.

명상할 때 뇌에서 무슨 일이 일어날까?

현대 뇌과학은 고도의 집중 상태에서 나그^{NAAG}라는 환각 물질이 나온다는 것을 발견했다. 마라톤을 30분 이상 달리면 몸이 가벼워지고, 머리가 맑아지면서 경쾌한 느낌이 드는데 이를 러너스 하이$^{runners' high}$라 한다.

이때는 오래 달려도 전혀 지치지 않을 것 같고, 계속 달리고 싶은 마음이 든다고 한다. 짧게는 4분, 길면 30분 이상 지속되기도 한다. 이때의 의식 상태는 마리화나 같은 환각제를 투약했을 때나 오르가슴에 비교된다. 사이클, 축구, 스키 등 장시간 지속되는 운동이라면 어떤 운동에서도 러너스 하이를 느낄 수 있다.

뇌파 진동의 효과

a 뇌 속에 잠들어 있는 자연 치유력이 극대화된다.

- 뇌파진동의 건강 차원의 효과

b 뇌파가 순수 뇌파로 바뀌고 습관이 정화된다.

- 생활 또는 자기계발 차원의 효과

c 뇌와 깊이 교류하여 '삶의 근원적인 해답'과 만난다.

- 깨달음 차원의 효과

이런 다양한 효과는 한 가지로 정리하면 '뇌가 통합된다'는 것은 뇌파가 통합된다는 것이며 이를 '순수 뇌파'라고 하며 이는 '생각과 감정이 사라지고 편안하며 의식이 명료한 상태'인 것이다. 이를 (재)한국 뇌과학 연구원의 이승헌 원장의 저서 『뇌파진동』에서 밝히고 있다.

액티브 명상과 뇌 과학

명상의 중요한 특징은 생각을 끊어 전전두엽을 쉬게 하고 안정시킴으로써 건강한 뇌를 회복하도록 도와주는 것이다, 생각이 개입되지 않은 자연스러운 몸 움직임을 계속하면 전전두엽은 안정되고 충만되어 뇌기능이 좋아질 수 있다. 뇌기능이 좋아지니 몸도 자연스럽게 좋아지는 'Mind to Body'의 요소를 갖춘 명상이 액티브 명상이다.

전전두엽은 이성적이고 논리적인 행동의 근간을 이루는 곳으로 사람의 모든 행위를 최종적으로 명령하여 인간의 자발적 의지를 생성시키고 더불어 창조성, 감정 조절 등의 모든 인간 행동들을 조율한다.

액티브 명상법은 움직임이 절정에 이르면 그 움직임은 곧 멈추게 된다는 원리를 바탕으로, 힘들이지 않고 별다른 노력 없이 마음을 깊은 정적인 상태로 안내하여 고요함의 세계를 경험할 수 있게 된다.

액티브 명상의 특징은 몸을 움직이는 것이다. 그리고 명상 중 노력 없이도 힘들이지 않고 몸이 원하는 대로 가장 자연스럽게 움직임을 경험하게 되고 이를 생활 속에서 습관화할 수 있도록 도와주는 명상법이다.

하지만 몸만 잘 움직인다고 해서 그것이 액티브 명상은 아니다. 몸의 올바른 움직임을 통해서 몸 감각 기관의 신경계의 한 종류로 말초신경계에서 중추신경계로 입력 신호를 전달하는 구심성 섬유인 'C 신경섬유'를 건강하게 회복하도록 하여 스트레스로 지친 뇌가 휴식을 준비할 수 있도록 해주고 휴식된 뇌가 명상 단계를 거쳐 충전이 되면, 새로운 경험에 의해 새로운 연결 회로가 생겨나게 된다.

이렇게 되면 힘을 들이지 않아도 저절로 새로운 뇌 회로 활동을 통해 몸이 올바로 움 직이도록 해주는 몸과 마음, 마음과 몸Body to Mind와 Mind to Body의 요소가 전부 포함되어 있는 게 액티브 명상의 특징이다.

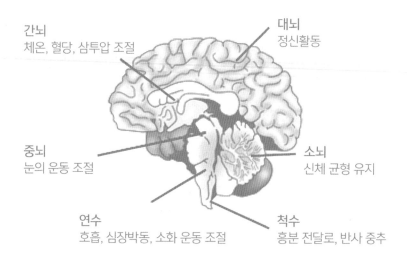

간뇌
체온, 혈당, 삼투압 조절

대뇌
정신활동

중뇌
눈의 운동 조절

소뇌
신체 균형 유지

연수
호흡, 심장박동, 소화 운동 조절

척수
흥분 전달로, 반사 중추

몸만 잘 써도 뇌기능은 좋아진다

몸을 잘 쓰도록 감시하는 말초신경 감각 센스인 C 신경섬유의 고장은 생각뇌, 감정뇌를 힘들게 한다. 액티브 명상 뇌과학에는 뇌기능 리셋팅의 의미가 있다.

a 생각뇌Active Thinking Brain – 전전두엽Prefontal Lobe

전전두엽은 감성과 행동, 기억의 통합에서 특별한 리더십을 발휘하고 있는 두뇌의 CEO이다. 이는 안와전두피질(OFC)과 복내측 전전두피질(vm-PFC)은 전전두엽 중 감정과 사고를 종합해서 감정을 통제하고 판단과 결정을 내리는 영역이다. 이 부분이 손상된 사람은 지능의 손상은 없지만 도덕성과 통찰 능력, 판단력에 문제가 생긴다.

전전두엽의 영역들은 단기간 기억을 저장하는 작업기억working memory과 학습에도 중요한 역할을 한다. 그리고 저장 보다는 선택적으로 주의를 기울이는 기능이 있다고 생각하는 학자들이 많아졌다. 어떤 경우든 전전두엽은 기억해야 할 것과 기억할 필요가 없는 것이 선택을 통해 정보처리에서 중요한 역할을 맡는다.

부자들의 뇌 구조를 알아보기 위해 기능성 자기공명 영상으로 일반인들의 뇌와 비교했다. 부자들의 뇌는 일반인들에 비해 전전두피질medi-PFC을 더 많이 활용하는 효율적인 두뇌 습관을 가진 것으로 밝혀졌다. 이 부분은 계획을 세우고 스스로 동기를 부여하며 사고를 다양하게 하는 영역이다. 그리고 또 다른 실험에서 부자들은 신문 전체에 걸쳐 헤드라인 위주로 기억하고 한 편의 소설처럼 이야기를 만들 수 있을 정도로 사건이나 사물들에 규칙을 부 여하는 전 전두엽의 패턴화 능력이 뛰어났다.

1조 개가 넘는 뇌신경 세포 간의 연결로 입력장치와 출력장치로 구성된 뇌와 신경계 생각, 판단 및 의사결정, 문제 해결 뇌이다. 명상은 전 전두엽을 안정시키고 뇌신경 회로도 변화시킨다.

ⓑ 운동뇌Motor Brain – 전두엽(이마 옆, 대뇌 앞쪽에 위치-기억력, 사고력 주관)

전전두엽을 제외한 나머지 전두엽이 운동뇌이다. 전전두엽이 지치면 몸이 원하는 대로 움직이지 않는다. 반복 훈련으로 운동뇌에 저장된 정보의 바른 활용을 하게 한다. 전두엽은 대뇌의 가장 넓은 면적을 차지하고 두정엽, 측두엽, 후두엽과 함께 대뇌피질을 구성하는 한 부분이다.

c 운동 조절뇌^{Fine Movement Brain} – 기저핵(자신의 의지에 따른 근육운동)

어떤 사물이나 상황을 의식적으로 파악하는 순간 뇌파에서는 초당 40회 정도의 진동이 동기화되어 나타나는데, 정신적 요소들이 '찰칵'하고 맞아 들어가는 통찰의 순간 잠시 발생하는 감마파 진동이라고 한다.

감마파 진동은 각성 시(정신을 차리고 주의 깊게 살핌) 증가하고 수면할 때 감소하는데, 졸린 상태에서 인지기능이 떨어지는 것과 밀접한 관련이 있다. 기저전뇌 파브알부밈 신경세포들이 각성상태를 유지하는데 있어 중요한 역할을 한다.

d 균형뇌^{Balance Brain} – 소뇌

소뇌는 감각인지의 통합과 근육의 조정과 제어에 중요한 역할을 담당한다. 즉, 몸동작의 조화와 균형을 조절하는 것은 소뇌다. 소뇌 기능에 장애가 생기면, 근육의 미세한 조절을 통해 뼈대 근육의 수축이 부드럽게 조화를 이루어야 하는데, 미세 조정이 되지 않아 비틀거리게 된다.

소뇌는 근육과 관절의 고유감각정보를 받아 신체의 위치 조절에 사용한다. 만취한 사람에게 "눈을 감고 코를 만져 보세요"라고 하면 정확하게 코를 만지지 못하고 코 주변을 더듬거리는 것처럼 고유감각정보의 감지 불능이 나타난다.

e 감각뇌^{Sensory Brain} – 오감 즉, 시각, 청각, 후각, 미각, 촉각

사람의 인지는 과학적으로는 센스를 가지고 획득한 정보를 처리해서 뇌

의 어떤 부 위가 활성화되는 것을 말한다. 여기서 센스라는 것은 오감을 말한다.

센스를 통해 들어오는 정보의 양은 엄청나게 많고 복잡하고, 서너 가지 센스에서 동시에 정보가 입력되기도 한다. 입력 뇌인 감각 뇌가 건강해야 출력 뇌인 전전두엽이 건강해진다. 순간순간 내 몸 곳곳으로부터의 감각을 알아차리는 몸 감각피질이다.

f 감정뇌Emotinal Brain – 변연계(감정을 일으키는 변연 시스템)
분노와 공포 같은 1차적 감정은 무의식적 조건반사라고 볼 수 있다. 가만히 있는 사람을 뒤에서 툭 치면 대게는 바로 화부터 내게 된다. 이 자극이 무엇인지 생각하기 전에 말이다. 예측하지 않은 신체 자극에 대한 반응으로 무의식 반사처럼 감정이 표출된다.

어떻게 이런 일이 일어날까? 대뇌피질 안쪽에 변연계limbic system 회로와 시상하부의 작용인 것이다. 대상회, 해마, 편도체, 그리고 시상하부가 변연계의 주요 영역이지만 전전두엽까지 포함된 변연계 구성은 감정과 느낌을 생성한다.

g Long-term Memoy 뱅크 – 해마hippocampus
대뇌변연계의 양쪽 측두엽에 존재하는데, 좌측 해마는 최근의 일을 기억하고 우측 해마는 태어난 이후의 모든 일을 기억하는 것으로 알려져 있다.

"나는 누구인가?"를 알려면 장기기억 저장고인 해마가 작동되어야 장기기억의 종류들을 이끌어내는 즉, 기억력이 좋아지려면 액티브 명상이 좋다.

h 스트레스 조절뇌Stress Control Brain - 시상하부(자율신경계의 활동을 관장)

시상하부Hypothalamus는 체온, 배고픔, 갈증, 피로, 수면 그리고 일주기 생체리 듬을 조절한다. 여기에서 분비하는 호르몬은 뇌하수체 전엽으로 가서 뇌하수체 호르몬을 분비하게 하는 것들과 뇌하수체 후엽에 저장되어 때에 E라 분비되는 것으로 나눌 수 있다.

통제 불가능한 스트레스가 뇌를 손상시키기 쉽다. 끝이 없이 지속되기 때문에 자율 신경계를 과도하게 자극하고, 스트레스 호르몬 '코르티솔' 양을 증가시키는 게 근본적인 원인이다. 코르티솔이 너무 많아지면 알츠하이머 치매 위험이 높아지고, 뇌의 해마를 수축시킨다.

코르티솔은 우울증 예방, 완화에 필요한 세로토닌 호르몬 생산을 방해하고 뇌세포 간 신호 연결을 담당하는 시냅스synapse는 필요한 중요한 정보들을 기억으로 저 장하고, 저장된 기억들을 연결해 사고하여 움직이게 하는 역할인데 이것을 손상시키게 되는 것이다.

* 좌뇌와 우뇌의 균형이 맞아야 건강한 뇌라고 할 수 있다. 명상은 좌우뇌의 연결회로를 강화하여 균형잡힌 뇌를 만든다.

액티브 명상의 운동 효과

a 몸이 이완된 상태로 움직이게 되므로, 뇌에 스트레스를 주는 신호가 차단된다.

b 몸이 움직이는 동안에 뇌 성장인자, 신경 성장인자, 인슐린 유사 성장인자-1이 계속 분비되어 새로운 뇌신경 회로 형성이 증가된다.

c 혈관 내피 성장인자, 모세혈관 성장인자가 분비되어 혈관 생성이 증가된다.

d 스트레스 호르몬, 우울과 불안의 반대 작용을 하는 물질들로 감정, 수면 등의 조절에 관여하는 세로토닌Serotonin, 가바GABA로 불리는 아미노산 신경전달 물 질인 감마아미노낙산gamma-aminobutyric acid, 28개의 아미노산으로 이루어진 단백질로 심장과 혈관에 대한 교감신경계의 활성 어제 하는 심방 나트륨이뇨 팹타드ANP들이 분비된다.

* 액티브 명상에서 가장 먼저 해야 할 것이 일단 생각을 내려놓는 것이다. 그리고 뇌의 기본 모드 네트워크로 휴식 중에 더 활동적인 Default Mode Netw(DMN)을 가동시키는 것이다. 그래야만 전전두엽이 휴식을 취하게 되고 일단 휴식을 취한 전전두엽 은 차차 능동적 사고Active Thinking을 하는 기능으로 회복이 된다.

명상하는 기본자세

명상법만큼이나 명상의 자세도 명상의 종류에 따라 다양하지만 그 공통점은 '명상에 집중할 수 있도록 균형이 잡힌, 안정되고 편안한 자세'이다.

A 가능하면 조용한 장소를 고르라

a 명상은 고요하고 조용한 장소가 집중이 잘 되기 때문이다. 그러나 바닷가나 숲속 걷기나, 지하철과 버스에서도 집중의 힘이 생길 때는 잠시는 명상에 들어볼 수도 있다.

b 명상을 처음 시도할 때 중요한 것은 가능한 모든 외부 방해요소들을 없애는 것이다. 텔레비전과 전화 등 소음을 유발할 수 있는 것들은 끈다.

c 음악을 듣고 싶다면 물 흐르는 소리와 같이 조용한 명상에 도움을 주는 음악을 틀어놓는 것이 좋다.

d 자신의 노력으로 방해가 된다는 요소는 없게 했지만, 주변에서 청소

하는 소리나 개가 짖는 소리가 난다고 해서 명상이 안 되는 것은 아니다. 그 소리를 억지한 려고 애쓰지 말고 자연스럽게 다시 명상으로 돌아온다면, 그 소리에 자신의 생각을 점령하지 못하게 하는 힘을 기르는 데 있다.

B 편한 복장을 입어라

a 꽉 끼는 옷이나 몸의 움직임을 제안하는 옷을 입으면 신체가 불편해지고 명상에 도 방해가 된다. 가능하면 신발도 신지 않는 것이 좋다.

b 다소 기온이 낮은 장소에서는 카디건 등으로 보온을 해주는 것이 좋다. 춥다고 느끼면, 그 생각에 사로잡히고 명상을 빨리 끝내고 싶어지기 때문이다.

C 명상 시간을 정하라

a 명상을 하기에 앞서 먼저 얼마나 오랫동안 명상을 할지를 정해야 한다. 시작 단 계에는 하루에 5분 정도 하면서, 점점 숙련되면 20분 정도의 명상이 좋겠다.

b 시간을 정하면 끝까지 지킨다는 결심을 해야 한다. 명상의 효과가 나타나지 않는다고 포기하지 마라. 성공적인 명상을 하려면 얼마간의 시간과 노력이 뒤따라 야 한다.

c 명상시간을 확인하고 싶더라도 지속적으로 시계를 들여다보면 명상에 방해가 된다. 이때 알람을 설정하는 것이 도움이 된다.

D 스트레칭을 하라

a 정좌 명상은 한자리에만 앉아 있어야 하므로 시작하기 전에 긴장을

최소화하는 것이 중요하다. 시작하기 전에 잠깐만이라도 스트레칭이 몸과 마음이 명상할 준비를 하도록 돕는다.

b 이때 목과 어깨를 스트레칭해 주는 것이 좋은데, 명상 전 간단하고 가벼운 요가 동작도 추천한다.

E 편안한 자세로 앉아라

a 명상하는 동안에는 자신이 편안한 상태에 있는가가 매우 중요하다. 그래서 필수적으로 자신에게 맞는 자세를 찾아야 한다. 가부좌와 반 가부좌 자세 등 전통적으로 땅에 방석을 깐 상태에서 행해져 왔다. 최대한 등을 곧게 펴고 머리를 들 수 있는 균형 잡힌 자세를 취하는 것이 좋다.

b 다리를 꼬지 않고서 그냥 방석이나 의자에 앉을 수도 있다.

c 방석에 그냥 앉으면 허리를 바로 세웠더라도 서서히 굽어지고 또한 집중에도 방해가 된다. 그래서 방석을 두 장을 준비해 한 장은 반으로 접어서 그 위에 앉아 면 허리를 바로 세우는 데 도움이 된다.

F 앉았다면 반드시 등을 곧게 세운다

a 몸을 곧추세운 상태에서는 긴장을 풀 수 없다면 자세에 흐트러진 부분은 없는지 확인하고 다시 몸의 균형을 잡도록 하고 긴장감을 풀어 줘야 한다.

b 양손은 자연스럽게 양 무릎 위에 얹어 늘어뜨리듯 놓는다.

G 눈을 반쯤 감아라

a 명상을 시작하면서 눈을 감거나 반쯤 감는 것은 자신에 맞게 결정하

면 된다. 필 자의 경험에 비추어 보면 눈을 감는 것은 명상 중에 많은 생각들이 떠올라서 방 해를 받는 경우가 많다. 그러니 반쯤 눈을 내려 감고 사색을 하듯 편안하고 자 연스러운 것이 좋다.

b 눈을 뜨고 명상하는 경우에는 눈을 편안하게 어느 한곳을 응시하면 좋다. 그러나 특별히 어떤 것에 주의를 기울이지는 않는다.

* 명상을 하는 동안에는 잡생각으로 힘든 시간이 되거나, 시간 가는 줄 모르는 경우로 나누어지는 경험을 하게 된다. 그러나 시간에 대해서 의식하게 되면 명상에 방 해가 된다. 그런 경우에는 조용한 알람을 선택한다.

* 명상은 여러 가지가 있으니 흥미가 가는 것을 여러 경험을 해보고 자신에게 맞는 방법을 최종 선택해서 집중하는 것이 효과가 크다.

* 명상을 하면서 결과를 기대하지 않는다. 명상의 목적은 자신을 하룻밤 사이에 명상가로 변화시키는 것이 아니다. 명상의 결과에 매달리는 것은 특히 경계한다. 결과에 매달리지 않고 명상 자체를 일상화하면, 마음 챙김과 의식수준이 높아지고 스트레스가 감소됨을 느끼며 평온하고 안정된 일상을 느낄 수 있다.

* 일상적인 느낌과 변화 이외에도 자신의 마음이 고요해지게 되면 경이로운 일들도 경험하게 된다. 그것이 '일체가 마음으로부터 시작되고, 마음의 작용'이라는 말로 대변 된다.

3장

명상의 여러 종류

어떤 감각이 생기면 그 감각에 마음을 집중한다. 무슨
걱정거리가 생겨나면 그 걱정거리에만 마음을 집중한다.
망상이 떠오르면 망상에 집중한다. 그러다가 걷거나 눕거나
무엇을 만지거나 하는 등 어떤 동작을 취하게 되면 그 동작의
극히 미세한 부분까지 자각할 수 있게 마음을 집중한다.

원효의 지관 명상

멈춤止, 집중과 관찰觀, 여러 가지의 꿰뚫어 보기의 융합이며 멈춤과 관찰의 융합이며 화쟁사상和諍思想이다. 서로 다른 성질이 서로 융합하면서도 하나로 획일화하지 않는 사상으로 요가 와 가장 가까운 불교사상이다.

a 개폐묘합開閉妙合: 열고 닫음의 묘한 화합

b 여탈묘합與奪妙合: 주는 일과 빼앗는 일의 묘한 화합

c 입파묘합立破妙合: 만들어 세움과 파괴의 묘한 화합

d 동이묘합同異妙合: 같고 다름의 묘한 화합

멈춤과 관찰이란?

A '멈춘다'는 것은 일체 대한 생각을 멈추는 것으로서 사마타samatha 명상을 의미한다.

a 마음을 한 대상에 머물도록 하는 것으로 - 이는 마음으로 하여금 현재 여기에 있는 '나' 이외에 다른 대상으로 빠져나가지 못하도록 하는 것이다. - 그러기 위해 호흡이나 마음에 집중함으로써 거기에 마음을 묶어둔다.

b 이때 마음은 과거의 '나' 혹은 미래의 '나'에 머물러서도 안 되고, 바깥 대상을 향해 이끌려 가서도 안 된다. 또한 마음이 생각이 나 상상 속을 헤매고 있어도 안된다. 지금 여기에서의 '나 자신'에 단단히 고정되어 있어야 한다.

c 그러나 그것은 처음에는 정말 어렵다. 내 안에 잡아둔 마음이 이내 곧 달아나기 때문이다.

d 그럴 때 달아나면 달아나는 곳을 거부하지 말고 그를 자연스럽게 조금만 바라보 면 다시 또 제 자리로 돌아오는 것이다.

e 그렇게 하다 보면 마음은 점점 길들여져, 마음은 고요해지고 편안해진다. 그리고 마음은 조금의 움직임도 없음을 자연스럽게 알게 된다.

* 이 멈춤 명상은 산란하게 움직이는 마음을 하나로 모으는 데 있다.

B '관찰한다'는 것은 마음을 한 대상에 고정시켜, 그 대상을 계속 관찰해 가는 것으로 위빠사나 vipasyana 명상을 의미한다. '관찰한다'는 것은 [자신의 몸과 마음을 관찰하여 거기서] 인연에 의해 일어난다. 사라지는 모습을 분명하게 알아차리는 것이다.

a 위빠사나는 '나'를 대상화시켜 관찰한다는 뜻이다.

b 나를 바로보기 위해서는 내 몸과 생각과 감정에 몰입되지 않고, 그것 밖으로 나와 – 나의 몸, 생각, 감각, 감정, 의도 등이 어떠한 것인지 – 이해해 들어가야 한다.

c 그러기 위해서는 나의 동작과 느낌과 생각을 계속 관찰해 가야 한다.

d 조용히 앉아 자신의 호흡을 느껴본다 – *숨을 들이쉴 때를 관찰하고 (내가 지금 숨을 들이쉬는구나) – *숨을 내쉴 때를 관찰하면서(내가 지금 숨을 내쉬는구나)를 관찰한다.

e 이렇게 마음의 초점을 호흡에 맞추어 잠시도 호흡에서 눈을 떼지 않고 계속 관찰해 간다 – 호흡의 전 과정을 지켜본다.

* 사마타와 위빠사나는 부처가 마음의 해탈을 얻었던 선정법이다. 아울러 원효의 명상법이기도 하다. 원효는 집중止, 여러 가지를 꿰뚫어보기觀의 융합이며 화쟁사상이다. 열고 닫음의 묘한 화합, 주는 일과 빼앗는 일의 묘한 화합, 만들어 세움과 파괴의 묘한 화합, 같고 다름의 묘한 화합. 이러한 것은 서로 다른 성질이 서로 융합하면서도 하나로 획일화하지 않는 사상이다.

그러나 현대인들에게 명상은 부처와 불교의 수행법의 내용이라고 굳이 끌어오지 않고 뇌과학 등으로 검증된 결과적 사실(스트레스 해소, 암 환자의 회복, 감정 조절, 집중력 향상, 고도의 창의적 사고, 높은 문제 해결 능력, 불면증 해소, 임산부의 태교 등)만을 강조한다.

수식관 명상

흔히 좌선에서 기초적 수련으로 알려져 왔으나 사실은 지관 명상, 호흡 명상과 유사한 명상으로 약간의 방법만 달리하고 있는 것이다.

a 자신에게 편안한 명상 자세를 택하되 척추는 곧추세우고 양팔을 뻗어 손등을 무릎에 두고 손가락은 가볍게 편다.

b 눈을 뜬 채로 명상할 수도 있지만 초보자는 눈을 지그시 내려 감는 듯하면 집중하는 데 유리할 수 있다.

c 의식을 코에 집중한 채로 숨을 들이쉬고 내쉬기를 수차례 반복한다. 마음이 조금 안정되는 느낌이 들 때까지 자연스럽게 숨을 쉰다.

d 들숨과 날숨에서 공기와 피부가 닿는 부분의 접촉점에 의식을 좀 더 집중한다. 들숨과 날숨에 따라 접촉점이 같을 수도 있고 다를 수도 있다. 윗입술, 코끝, 코의 안쪽 초입 등 접촉점은 사람마다 다르므로 자신의 현재 상태의 접촉점에의 식을 집중하도록 한다.

숨을 들이 마시고 멈추고 내쉬면서 마음속으로 하나라고 수를 센다. 다시 숨을 마시고 멈추고 내쉬면서 둘이라고 수를 센다. 이같이 하나에서 시작하여 열이 될 때까지 숫자 세기를 반복한다. 또 하나부터 열까지 숫자를 다 셌으면 엄지손가락을 구부려 1세트를 표시한다. 같은 방법으로 2세트를 표시하고 같은 방법으로 15 세트를 시도한다.

수식관 명상의 취약점은 중간에 잡념으로 센 숫자를 잊어버리는 경우가 빈번히 발 생활 것이다. 그러면 다시 하나부터 숫자 세기를 시작하면 된다. 중간에 센 숫자를 잊지 않고 총 15세트를 셀 수 있다면 기본적으로 다음 단계의 호흡 수련이 준비됐다고 생각해도 좋다.

하지만 실제 수련을 해보면 하나부터 열까지 1세트를 온전하게 하기도 결코 쉽지 않다는 것을 알게 될 것이다. 끊임없이 다른 생각과 감정, 몸의 영향을 받아 의식 이 흩어지고 집중이 깨질 수 있기 때문이다. 너무 조급하게 생각하지 않아도 된다. 수식관을 통해 명상의 기본 준비 항목인 이완과 집중을 좀 더 훈련하면 좋다.

이근원통 명상 수행

이근원통은 능엄경 중 "듣는 그 무엇이 저절로 생긴 것이 아니라, 소리로 인하여 그 이름이 있게 되었네, 듣는 그 무엇을 돌이켜 소리에서 벗어나면 해탈한 그 무엇을 무엇이라 이름하랴!" 부분에 나온다. 여기서 이근은 단어 그대로 소리에 집중한다는 수행이고, 원통이란 말은 가장 빠르고, 부분이 아닌 전체적이고, 쉽다는 뜻을 내포한다.

이근원통 명상은 처음에는 소리에 집중하는 단계이고, 다음에는 '듣는 것을 돌리는' 단계로 접어든다. 처음 과정이 끝나야만 듣는 그 무엇을 되돌리는 과정으로 진입하는 것이다.

먼저 소리에 집중하는데 있어서도 다시 2가지 단계로 나뉜다. 내면의 소리와 바깥의 소리가 그것이다. '내면의 소리'는 자기 체내에서 내는 소리 즉, 염불, 주문, 독경 소리 등을 듣는 곳이며, 큰 소리로 염하는 것, 작은 소리로 염하는 것, 마음의 소리로 염하는 것이 있다.

능엄경

염할 때에는 귀로 그 소리를 들어야 한다. 처음에는 그 소리에 마음이 집중되었다가 안되는 경우가 많지만, 점차 한결 같은, 하나의 소리에 마음이 집중되어 마음이 고요해진다.

관세음보살

'바깥의 소리'는 어떤 소리든지 물체에서 나는 소리를 듣는 것이다. 가장 좋은 것은 물이 흐르는 소리나 폭포 소리 또는 바람이 불어서 풍경이 울리는 소리 등을 듣는 것이다. 처음으로 마음이 소리에 완전히 집중되었을 때, 졸지 않고 마음을 산란하게 하지 않으면 자연히 이런 상태를 계속 지켜나갈 수 있다.

이근원통의 마지막 단계는 듣는 성품 자체를 다시 반문한다는 의미이다. 그 들음을 버리고 듣는 그 무엇을 돌리게 된 다음이라야 지극히 요긴함이 된다. 들음을 버리고 듣는 그 무엇을 돌리게 되면 광명과 말하는 바 없이 말하고, 말이 없는 가운데 말이 있다는 무설설 의 경지에 들어갈 수 있는 것이다.

이근원통 명상은 일단 바깥의 소리 또는 내면의 소리에 집중한다. 바람소리나 물소리 그리고 염불, 주문, 독경소리에서 문자적 의미는 문제가 안되고, 오직 소리만이 문제가 되는 것이다. 이 단계에서 좀 더 나아가면 인체 내의 챠크라가 돌아갈 때 발생하는 북소리나 플룻소리 등을 들을 수 있다고 여겨진다. 그리고 마지막에 가서는 그 소리마저 떠나버린다.

명상의 여러 종류

A 집중명상

집중명상이란 명상의 처음에서 마지막까지 단일한 대상에 집중적으로 의식을 모으는 방법이다. 이는 근심과 걱정으로 산란해진 마음을 어떤 대상에 머물러 집중을 하게 되면 시간이 지날수록 마음이 고요하고 평화로운 상태에 이르게 된다는 가정 하에 이루어진다.

여기서 집중하는 대상은 실생활의 어떤 대상이 아니라 마음에 의해 구성된 표상이다. 예를 들어, 벽에 있는 어떤 한 점을 본 다음 눈을 감으면 그 점의 이미지가 눈앞에 나타난다. 눈앞에 나타난 점의 이미지에 반복해서 집중을 하면 그 점이 더욱더 선명해지고 일정 기간 유지되는데, 이를 집중명상이라고 한다. 집중명상의 과정 은 준비단계인 집지, 머물기 단계인 장려, 몰입 단계인 삼매의 세 단계로 이루어진다.

　이를 불교에서는 멈춤(止, samatha)이라, 부른다. 특정 대상이나 활동 또는 특정 한 말, 개념에 마음의 초점을 두는 명상이다. 이 명상 중에 마음의 초점상에서 벗어날 수 있는데, 일차적으로 알아차린 뒤 초점을 대상으로 다시 돌리면 된다.

B 통찰 명상

인간의 신체적 감각, 느낌 부정적인 감정을 알아차리고 주의를 기울여 집중하게 되면 욕망과 고뇌에서 벗어날 수 있는 전신적 훈련이다.

a 위빠사나

위빠사나(vipassana, 관(觀))는 영원하지 않은 것들이 서로 모여있는 우주 공간 즉, 세간의 진실한 모습을 본다. 또한 의미는 편견이나 욕구를 개입시키지 않고 현상을 현상 자체로 보는 것이다. 즉 어느 한 대상에 마음을 집중하여 고요한 상태를 얻은 후에 끊임없이 변화하는 대상을 있는 그대로 관찰하는 명상수행으로 붓다가 깨달음을 얻은 수행법으로 초기 불교부터 매우 중요시되어왔다.

b 위빠사나 수행의 특성

우선 현재적 성격에 있다. 예를 들어 호흡에 의식을 집중하는 경우, 호흡이야말로 현재의 순간순간에 켜졌다 꺼졌다 하고 있는 가장 현재적인 사건이다. 과거에 이미 행해진 호흡이나 미래에 하게 될 호흡은 결코 관찰의 대상이 될 수 없기 때문에 호흡에 집중하는 것만으로도 바로 지금 이 자리를 벗어나지 않는 고요한 정신집중에 들어가는 것이다.

c 위빠사나의 현재성 강조
초기 불교에서 현재성을 강조하는 것은 경험적으로 존재하지 않는(자아나 유일신과 같은) 대상에 대한 탐구를 거부한다는 의미가 있다. 현존재가 당면하고 있는 괴로운 마음을 벗기 위해 필요한 것은 괴로움의 근원과 그 구조에 대한 이해이기 때문이다. 그렇기 때문에 명상의 대상은 반드시 구체적으로 경험되는 대상이 되어야 한다.

  있는 그대로의 실상을 관찰하여 일체의 사물이 변한다는 이치를 아는 무상하고, 만물에서 고정 불변하는 '나'가 없다는 무아이며, 따라서 괴로움이라는 것을 직관하는 것이 위빠사나 수련의 핵심이다.

  이때 직관을 가능하게 하는 것은 물론 직관에 대한 명확한 인지이다. 그 대상은 몸, 감각, 마음, 생각의 개상 등 네 가지이다. 그 어떤 경우에도 현재 순간에 일어나고 있는 하나의 현상에 마음을 집중하여 사물의 진실한 모습을 관찰하는 것이다.

d 위빠사나 명상법의 장점
우선 일상생활을 영위하면서도 명상수련을 할 수 있다는 것이다. 모든 언어 동작이 수행의 대상이 될 수 있기 때문이다. 구체적으로는 어떤 현상에서건 반드시 하나의 대상에 마음을 집중한다. 특별한 일이 없을 때에는 호흡과 호흡에 따른 몸의 변화를 관찰한다.

  어떤 감각이 생기면 그 감각에 마음을 집중한다. 무슨 걱정거리가 생겨나면 그 걱정거리에만 마음을 집중한다. 망상이 떠오르면 망상에 집중한다. 그러다가 걷거나 눕거나 무엇을 만지거나 하는 등 어떤 동작을 취하게 되면 그 동작의 극히 미세한 부분까지 자각할 수 있게 마음을 집중한다.

다시 정리하면 우리가 일상생활을 깨어있는 정신으로 살아가면서 할 수 있는 수련이 위빠사나이다. 이 세상에는 좋은 것이던 나쁜 것이던, 영속하는 것은 없고 끊임 없이 찰나마다 생성되고 소멸하는 현상이 있을 뿐이다. 그러니 현재에 일어나는 현상에 계속되어 끊기지 않게 마음을 모아야 한다.

통찰 명상의 다른 방법

a 소리 명상

자연에서 일어나는 계곡물소리, 파도 소리, 숲의 바람 소리를 듣거나 새소리, 산사의 풍경소리 등에 집중하는 명상이다.

b 시각 명상

촛불이나 모닥불의 불꽃, 벽 시계의 초침, 펄럭이는 깃발, 만다라나 달마상과 자연경관에 집중한다. 이때 주변의 소리가 들리면 억지로 거부하지 말고, 자연스럽게 그 소리에 따라갔다가 돌아오면 된다.

c 집중 명상

특정 활동에 초점을 두기에 걷기와 같은 신체 활동 중 팔의 흔들림, 다리의 움직임 등에 초점을 맞춘다. 걷기 명상과 호흡명상이 가장 보편적이다.

d 진언 명상

우주의 기운을 내 가슴속으로 불러들이는 '옴~' 같은 단어를 읊조린는 것은 '진언' 또는 '만트라'라고 한다. 만트라는 '나는 이완되었다', '나는 행복하다'로 이해된다.

e 특정 개념에 마음 모으기
불교 명상의 화두를 든 간화선 같은 것이다. 논리 이 전의 근원적 물음에 마음을 모으는 것이다.

C 마음 챙김 명상

마음 챙김은 주의attention를 기르는 독특한 형태의 명상법이다. 이는 심리학적 구성 개념으로 현재 순간을 있는 그대로 수용적인 태도로 자각하는 것이다. 이 명상법은 세계 각 나라에서 스트레스 관리나 자기 수행의 목적으로 받아들였고, 인지행동 치료에도 적극적으로 응용하고 있다.

마음 챙김에서 말하는 주의는 '순수한 주의'라는 특수한 방식의 주의다. 생각과 욕구를 개입시키지 않고 주의를 기울이는 것으로 '바라보기만 하는 것'으로, 이는 불교에서는 '분별심을 내지 마라'는 방식으로 표현한다. '생각과 욕구 없음' 또는 '인지와 동기를 내려 놓음'이라는 것은 말은 쉬워도 실제로 그 상태를 이해하거나 느끼기는 쉽지 않다.

카바진(Kabat-Zimm)의 마음 챙김

카바진은 마음 챙김을 '특정한 방식으로, 즉 의도적으로 현재의 순간을 판단하지 않으면서 주의를 기울이는 것'이라고 정의하고 마음 챙김의 일곱 가지 마음 자세를 기술했다.

a 판단하지 않기non-judging
마음 챙김은 자기 자신의 경험을 편견 없이 바라봄으로써 개발된다.

마음을 알아차릴 때 그것을 판단하지 말고 오로지 관찰하도록 한다.

b 인내하기 patience

끊임없이 판단하고 있음을 알게 되거나, 이를 부정적인 마음 상태가 나타났다고 해서 성급하게 변화를 가져올 수는 없다. 모든 것은 그 자체의 시간에 따라 전개된다는 것을 아는 것이다.

c 초심으로의 마음 a beginner's mind

모든 것을 마치 처음 대하듯이 보는 마음이다. 과거 경험에 따른 기대로부터 자유로워야, 한순간의 풍요로움을 느낄 수 있다.

d 신뢰하기 trust

자기 자신과 자신의 느낌에 대한 기본적인 신뢰를 발달 시키는 것이 명상 수련의 중요한 요소이다. 궁극적으로 매 순간 자기의 삶을 살아야함을 말한다.

e 쟁취하지 않기 non-striving

우리는 무엇인가늘 할 때 목표늘 달성하기 위해 하지만, 명상에서는 이런 목표 지향적인 태도가 장애가 된다. 명상은 목표한바 를 이루지 못한 상태인 무위에 초점을 둔다. 명상의 완성을 위해서는 무위의 태도를 개발하고 무슨 일이 일어나던지 그것에만 주의를 기울여야 한다.

f 수용하기 acceptance

자신은 부정하고 저항하는 데 많은 에너지를 낭비하고 있다. 이러한 부정과 저항은 긍정적인 변화를 가로막고 있다. 수용은 사물을 실제 있는 그대로 바라보는 것이고, 또한 매 순간을 오는 대로 받아들이고 그것과 온전히 함께하는 것이다.

g 집착하지 않기 letting

사물을 있는 그대로 내버려 두고, 있는 그대로 수용하는 것이다. 자신의 좋고 나쁨의 마음의 분별에 따라 붙잡거나 배척하지 않고 있는 그대로 관찰해야 한다.

* 카바진의 일곱 가지 마음 챙김의 자세를 마음 챙김의 특질qualities이라고 하며, 마음 챙김의 정서적 특질affective qualities이라 규정한 다섯 가지를 제안했다.

a 부드럽고 사려 깊고 세심하지만, 수동적이거나 규율이 없거나 제멋대로 하지 않는 특성의 온화함gentleness이다.

b 얻고자 하는 집착이나 보상을 바라는 의도 없이 사랑과 자비로 한순간에 주는 베품generosity이다.

c 현재의 순간에 다른 사람의 상황을 느끼고 이해하며 이것을 그 사람과 나누며 소통하는 공감empathy이다.

d 지금의 순간을 공경하고, 고맙게 생각하는 감사gratitude이다.

e 용서와 조건 없는 사랑으로 채워져 있는 자비loving kindness이다.

* 마음 챙김 명상에 기반을 둔 스트레스 완화 프로그램mindfulness-based stress reduction MBSR은 만성질환과 스트레스 관련 질병을 앓는 환자를 위한 행동 의학 프로그램으로 개발되어 있다.

생활 속 명상 방법

숨을 들이쉴 때 내가 숨을 들이쉬고 있음을 알아차리고,
나의 발이 튼튼하여 걷기를 즐길 수 있다는 사실을 알아차린다.
숨을 내쉴 때 공기가 몸을 빠져나가는 것을 알아차린다.
내가 살아있음을 알아차린다.
이런 알아차림은 바로 행복을 가져다주는 것이다.

틱낫한 스님의 걷기 명상

이 명상은 집중 명상이나 알아차린 명상 모두 가능하다. 걷기 명상으로 세계적 명성을 얻고 최근 사망한 틱낫한 스님은 "발걸음마다 도착하십시오. 그것이 걷기 명상입니다. 그밖에 다른 것은 아무것도 없습니다"라며, 한 걸음 한 걸음을 즐길 수 없다면 걷기 명상을 할 이유가 없다고 자신의 느낌을 밝혔다.

그러면서 걷기 명상을 즐기는 일은 그리 어렵지 않다. 깨달음을 얻기 위해 십년이나 마음을 챙기며 걷기 명상을 수행하는 것이 아니다. 단 이

삼 초면 된다. 그저 지금 내가 걷고 있음을 알아차리면 된다. 알아차림은 깨달음이 아니다. 누구나 자신의 들숨과 날숨을 알아차릴 수 있다.

숨을 들이쉴 때 내가 숨을 들이쉬고 있음을 알아차리고, 나의 발이 튼튼하여 걷기를 즐길 수 있다는 사실을 알아차린다. 숨을 내쉴 때 공기가 몸을 빠져나가는 것을 알 아차린다. 내가 살아있음을 알아차린다. 이런 알아차림은 바로 행복을 가져다주는 것이다.

다소 혼잡한 거리에서도 마음을 집중하면서 걸을 수 있겠지만, 초보자들은 마음 집중이 어려울 수 있으니 공원이나 조용한 숲길을 걷는 것이 도움된다. 이것은 일종의 보이지 않는 수행이다. 자연스럽게 천천히 걸으면서 자연을 즐기고, 내면의 고요함을 즐기면 된다.

걷기 명상을 할 때뿐 아니라 언제라도 장소를 이동해야 할 때, 그 거리가 아무리 짧더라도 걷기 명상을 하면서 걸음마다 안정된 느낌을 만끽하면서 걸으면 비록 열 거름이 되지 않아도 잠깐의 명상 행복을 맛볼 수 있게 된다.

걸을 때 말을 하지 않는다. 침묵은 걷기를 온전히 즐기는 데 도움이 된다. 말을 많이 하면 걷기를 깊이 체험하기 어려워져 제대로 즐길 수 없다. 마음 다함과 집중은 즐거움과 통찰을 가져온다.

일반적 걷기 명상 방법

a 걸으면서 한쪽 발을 들 때 발가락, 발목, 무릎, 발바닥에서 느껴지는 감 각과 발을 내려놓을 때의 감각에 주의를 기울인다.

b 온몸의 느낌과 소리, 걸을 때 피부에 와 닿는 바람의 느낌, 옷의 아늑함이나 조이는 촉감에 집중한다. 이때 모 등 감각을 통제하려 하지 말고 오직 느끼는 대로 알아차리기만 할 뿐이다.

c 걷는 동안 호흡에도 집중하는데, 한 번 호흡으로 몇 발자국을 걷는지,
  호 흡입 편안한지 등에 집중한다.

* 이 걷기 명상은 매우 강하고 단호해야 한다. 언제나 질주와 생각으로 몰아붙이
는 습관 에너지에서 나를 보호하는 것이다. 마음을 발바닥으로 가져가 마치 발로
서 하늘 구름이나 별과 하나가 되듯 걸어 본다.

2 호흡 명상

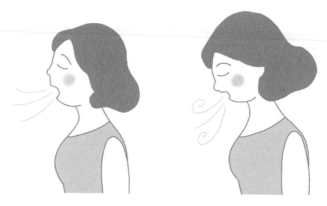

모든 명상에서 호흡조절은 기본이다. 호흡을 통해 감정을 가다듬고 심
신의 균형을 회복하는 게 명상의 작용 메카니즘이라는 말이다. 그런데
이는 호흡 역할을 과대평가하는 것은 아닐까, 호흡이란 우리 몸에 산소
를 공급하고 몸에서 만들어진 이산화탄소를 내보내는 작용인 것이다.

　이런 관점에서 '대사적 호흡metabolic breathing'으로, 몸이 필요로 하는
산소의 양에 맞춰 산소를 공급하기 위해 호흡 빠르기나 깊이가 바뀐다.
흥분하면 호흡이 빠르고 얕아지고, 장미의 향기를 맡으면 호흡이 느리
고 깊어진다. 이런 측면은 '행동적 호흡behavioural breathing'이라고 부른
다.

심장박동과는 달리 호흡은 자신의 의지에 따라 '어느 정도' 통제할 수 있다. 즉 마음 먹기에 따라 한동안 숨을 멈출 수도 있고, 가쁘게 숨을 쉴 수도 있다. 다만 완전하지 못하다. 호흡은 때에 따라 무의식과 의식이 관여하는 독특한 생리현상이다. 해녀의 호흡을 한번 떠올려보면 이해가 쉽게 될 수 있다.

특별히 신경을 쓰지 않는 이상 호흡은 무의식의 통제를 받고 우리 뇌에서 그 역할을 하는 부위는 뇌간brainstem의 연수medulla다. 뇌간은 포유류뿐 아니라 파충류에도 있는 진화적으로 오래된 뇌 부위로 호흡과 수면, 체온 등 생명유지에 중요한 생리현상을 주관한다. 대뇌나 소뇌가 손상돼도 살 수 있으나, 뇌간이 손상되면 바로 죽게 된다.

연수에서 들숨과 날숨을 담당하는 영역은 서로 분리돼 있다. 평소 편안한 호흡을 할 때는 들숨을 조절하는 뉴런 네트워크만 활동한다. 즉 이 네트워크가 2초 정도 활동할 때 횡경막이 수축하면서 폐가 팽창해 압력이 떨어져 공기를 들이마시게 된다. 네트워크가 꺼지면 약 3초에 걸쳐 횡경막이 이완되면서 원상태로 돌아간다. 즉 날숨은 뉴런의 개입 없이, 들숨에 따라 자연적으로 이루어진다.

뇌간의 연수는 호흡을 조절하는 부위로 숨뇌라고도 부른다. 연수에서 호흡리듬을 발생시키는 핵심 부위는 들숨과 능동적인 날숨이다. 기본적으로 호흡은 연수의 통제 아래 이뤄지지만 감정과 의지 등을 관장하는 뇌의 다른 부위들도 영향을 미치는 복잡한 활동으로 아직 제대로 이해하지 못하고 있다. 이 내용은 잭 펠트먼 교수팀이 2013년 '생리학연간리뷰'에 실은 호흡의 리듬에 관한 논문 중 일부이다.

호흡명상은 산란한 마음을 한 곳에 집중시키는 것이 특징이며 불안과 긴장을 이완시키는 것이 핵심이다. 가만이 앉아있다가 천천히 걷기 시작하면 산소 소모량이 새 배로 늘어난다. 만일 호흡량이 빨리 늘어나지 않으면 그 사람은 얼마 못가서 기절할 것이다.

호흡명상에 대한 기존의 선행연구는 크게 4가지 유형으로 구분된다. 첫째는 불교 전통의 호흡명상, 둘째는 뇌 호흡명상, 셋째는 요가의 호흡 수행, 넷째는 도가적 전통의 복식호흡이다.

호흡과 명상 1

이 명상은 오직 호흡에만 초점을 맞춘다. 호흡이란 24시간 내내 몸에서 일어나는 자연현상이다. 의지 개입 없이도 몸과 마음의 상태에 따라 자동 조절된다. 다만 대부분 다른 장기의 운동과 달리 호흡은 의지적인 조절이 가능하다는 차이다. 의지적인 개입으로 호흡을 조절할 수 있고, 이를 통해 몸과 마음의 상태를 일정 정도까지 의도하는 수준으로 조절할 수 있다는 의미이다.

이처럼 호흡명상은 호흡이라는 수단을 통해 몸과 마음을 관리할 수 있다는 장점이 있다. 또 언제 어디서든 특별한 준비 없이도 수련할 수 있다는 것도 장점이라 할 만하다.

호흡명상을 하려면 두 가지 중요한 사항을 준비해야 한다. 하나는 육체와 정신에 스트레스를 유발하는 어떤 대상에 마음이 집중된 상태인 긴장이고 이를 풀어주는 것이 이완이다. 명상에 들어가기에 앞서 명상 대상 외에 긴장을 유발하는 다른 대상으로부터 마음을 분리할 필요가 있다. 마음은 한순간에 하나의 대상만을 알아차린다.

다른 하나는 집중이다. 이는 명상 대상에 마음이 머무는 시간과 강도라고 이해하면 된다. 명상 대상에 집중하려고 하지만 집중하는 시간이 충분하지 않고, 또 자신이 알아차리지 못하는 사이에 다른 대상으로 의식이 이동한다면 대상의 앎이 향상되기 어렵다. 이런 면에서 호흡명상은 이완과 집중을 훈련하는데 아주 많은 장점이 있다.

호흡과 명상 2

호흡 명상의 힘은 늘 현장에서 경험하게 된다. 호흡은 가장 자연스러운 것이며 생명의 근원이다. 세 번의 호흡만으로도 명상을 시작할 수 있다. 이는 누구나 세 번의 호흡을 집중할 수 있기 때문이다. 이러한 간단하고 짧은 시간 명상을 준비하고 훈련하면서 점차 시간을 늘려가는 것이 초보자 명상 인들에게 도움이 될 수 있다.

호흡과 신체적 기능

호흡과 관련해 현대인들의 특징은 호흡이 짧다는 것이다. 중국 고대 의학서 《황제내경》 제14, 역조론에 사람의 호흡과 건강과의 관계를 설명하고 있다. 이를 비추어 보면, 현대인들의 호흡보다는 훨씬 느렸던 것으로 보인다. 오늘날 현대인들은 1분에 15~20회, 많게는 22회 정도로 아주 빨라졌다.

　그래서 현대 의학이 고도로 발달했음에도 정신적으로나, 심리적, 신체적 질병으로 고통받는 사람들이 빠르게 늘어나는 것을 볼 수 있다. 얕고 빠른 호흡은 신체, 정서, 정신적으로 불균형을 만들어 낼 수 있다.

호흡의 신체적 영향

올바른 호흡명상은 뇌, 심장 및 기타 신체 기관의 산소를 증가시킨다. 신체가 1초마다 하는 일은 바로 호흡하는 것이다. 호흡을 올바르게 알고 개선하면 몸이 건강해질 수도 있고, 호흡을 잘못하면 몸을 해칠 수도 있다. 호흡 시스템은, 숨을 쉴 때 대기의 산소가 세포의 피부로 전달되고 이때 이산화탄소가 생성되고 다시 대기로 돌아간다.

그런데 호흡은 생각보다 그리 단순하지 않다. 만약 산소가 에너지원이라면 계속 호흡을 해서 몸에 산소를 더 넣으면 더 많은 에너지를 얻고 더 몸은 효율적으로 변할까? 그렇지 않다. 혈관은 이미 산소로 가득 차 있어 물을 더 붓는 것과 같게 되는 것이다. 이는 컵에 물이 차면 넘치는 이치와 같다.

'산소포화도'는 산소가 어떻게 운반되는지를 나타내는 지표이다. 적혈구에 대한 것으로 혈액에 얼마나 많은 산소가 있는지 측정한다. 일반적으로 약 95~98% 정도인데 산소 농도가 90% 이하로 떨어지면 혈액이 충분히 산소를 운반하는데, 장애가 생기게 된다. 이 경우 우울증을 비롯한 나쁜 감정이 쌓이게 되는 것이다.

호흡 명상의 마음 자세

호흡은 신체, 감각, 정서, 생각과 연결되어 있어, 호흡은 몸과 마음을 연결한다. 그래서 호흡명상을 시작하면서 마음가짐은 이렇게 하면 도움이 된다.

a 판단하지 않기 – 명상을 하면서 습관적인 판단이 자동으로 일어나게 되면 이것을 판단하지 않는다.

b 호기심 가지기 – 항상 시작하는 마음으로 모든 경험을 호기심으로 관찰 한다.

c 현재에 알아차리기 – 자신의 마음이 지금 여기에 머물도록 알아차린다.

d 내려놓기 – 명상을 하던 중 떠오르는 생각(마음)을 알아차리고 내려

놓는다 는다.

- e 너무 애쓰지 않기 – 떠오르는 마음을 지금 여기로 데려온다고 애쓸
  필요 없이 조금만 있으면 자연스럽게 돌아온다.
- f 인내하기 – 명상은 금방 잘 되는 것이 않는다. 그러니 꾸준히, 규칙적
  으로 수련해야 한다.

호흡 명상 방법

- a 조용한 곳에서 편안한 복장으로 준비를 시작한다.
- b 처음 1~2분간 '모든 사람은 사랑받고 행복할 자격이 있다'라는 생각을
  하면서 자신의 명상할 마음을 챙긴다.
- c 자연스럽게 숨을 들이마시고 내 쉬기를 반복한다. 폐로 공기가 들어
  오고 나가는 데에만 의식의 초점을 맞춘다. 또한, 콧구멍 같은 곳의
  감각에도 의식의 초점을 맞춰 본다.
- d 마음이 호흡을 떠나 방황하기 시작하면, 그것을 알아차리고 부드럽
  게 위 식이 호흡으로 돌아오도록 초점을 옮긴다.

* 이 명상은 아침에 잠에서 깨어서 누운 상태로 5분 정도를 하거나, 잠자리에 들
어서도 5분 정도를 하면 스트레스 해소와 꿀잠으로 향하는 지름길이다.

3 마음 빼기 명상

마음 빼기 명상이란 마음수련을 청소년들에게 알기 쉽게 알려주려는
교사들에 의해 탄생한 명칭이다. 마음 빼기 명상은 이름 그대로 마음을
빼는 명상이다. 사람의 마음이 어떻게 만들어 졌는지 그 이치만 알면 마
음은 빼기가 정말 쉽다. 그 마음을 빼는 정확하고 과학적이고 논리적인
방법이 있다.

마음을 빼는 원리

먼저 자신의 마음은 그 당시 자신이 먹고 싶은대로 먹어져 있고, 지금은 그 마음에 영향을 받고 싶지 않지만, 그 마음의 노예가 되어 있다. 이러한 마음을 빼는 방법은 정말 간단하다. 누군가를 미워하고 누군가를 사랑하고 누군가를 질투하고 시기하고 또 누군가를 싫어했던 자존감이 없는 등의 모든 마음을 들여다보자.

이처럼 나만의 착각이기도 하고 나만 가지고 있는 것이기에 버려진다. 너무나 귀하고 너무나 감사한 이 방법으로 마음을 빼면 이 세상 모든 것이 좋아진다. 습을 버리면서 내가 가지고 있는 안좋은 습관들이 버려진다. 하나하나 버리면서 효과들이 나온다.

가짜 마음을 버리는 7단계 방법

a 기억된 생각 버리기 (우주와 나임을 아는 과정)

b 자기의 상과 인연의 상과 자기 버리기 (마음 없음을 아는 과정)

c 자기의 몸 보리기 (내 안에 우주가 있음을 아는 과정)

d 자기의 몸과 우주 버리기 (본정신을 아는 과정)

e 자기의 몸과 우주 버리기 (본정신과 본정신의 아라를 아는 과정)

f 자기가 없어져 우주 되기 (본정신이 되는 과정)

g 허상 세계와 그 속에 살고 있는 자기 버리기

* 이렇듯 인간의 마음세계가 두텁고 견고하기 때문이며, 사람은 자신을 내려놓기보다는 채우려 하기 때문에 문제가 발생하는 것이다. 그러기에 단계별로 마음을 버리고 넘어가는 데는 그만큼 인내도 필요한 것이다.

각 단계를 넘어갈 때마다 깨어진 의식만큼 참이 되어 스스로 알고 깨치게 된다. 그리고 그 모든 과정을 넘어 우주에서 다시 태어났을 때 참 마음으로 우주의 나이 만큼 살게 된다.

마음 빼기의 원리대로 마음을 빼면 내가 가지고 있는 열등감, 자존심, 우월감, 시기질투, 슬픔, 괴로움, 고통, 스트레스, 두려움, 날카로움, 짜증, 귀찮음, 무기력 등의 마음들의 근본이 되는 것을 빼버린다. 이렇게 마음 빼기 명상의 7단계인 습을 버리는 단계를 지나면 명상의 효과가 나타난다.

a 습이 보이면서 부정적인 마음이 사라진다.

b 습이 빠지면서 자기 스타일에서 가장 예뻐진다.

c 자기 마음의 근본 뿌리인 습이 빠지면서 모든 병도 사라진다.

d 하는 일에 집중할 수가 있어 능률이 오른다.

e 항상 일어나는 번뇌가 안정되어 피곤이 없어진다.

f 항상 편안하고, 행복감을 느끼게된다.

* 빼기 명상은 천진난만한 아이처럼 해야 한다. 아이들은 참 단순하지만 자기가 뭘 좋아하고 안 좋아하는지 간단하게 얘기하고 잘 안다. 스스로에 대해 아는 것이 매우 중요한 것이다.

마음 빼기 명상은 다른 명상과 어떻게 다를까?

a 마음 빼기는 사고와 행동을 근본적으로 변화시킨다.

b 문제의 원인을 빼서 없애기에 같은 문제를 반복하지 않는다.

c 빼기를 할수록 본래 마음이 드러나며 인간 완성을 이룰 수 있다.

d 단계마다 마음을 버리는 방법과 결과가 분명하다.

e 남녀노소, 문화, 국경에 관계없이 누구나 쉽게 할 수 있다.

4 바디 스캔Body Scan 명상
자신의 몸을 살피는 바디 스캔 명상

이 명상은 자신의 몸과 마음, 간에 튼튼한 관계를 형성하기 위한 명상이다. 각 신체 부위에 느껴지는 감각에 어떤 변화를 주려 하지 말고 오직 열린 마음을 가진 채 지금 이 순간 나타나는 감각만을 소박하게 살펴본다.

바디 스캔은 주의의 방향을 잡게 하고, 주의가 다른 데서 방황하고 있음을 알아차리면 현재의 집중 대상으로 되돌아오게 하고 관찰되는 경험을 열린 마음과 호기심을 갖고 받아들이게 한다. 여기서는 어떠한 판단도 하지 않은 채 나타나는 경험이 어떤 것이든 그대로 알아차리는 것이 무엇보다 중요하다.

바디 스캔 명상 방법
a 조용한 방에서 편안한 복장과 편안한 자세로 준비한다.
b 등을 바닥이나 침대에 붙이고 누워서 눈을 감고 하는 방법이 가장 효과적이다.

c 처음 몇 초간 호흡에 초점을 두면 몸과 마음이 이완된 뒤 시작한다.

d 발가락 감각을 느끼는 데서 시작해 발바닥, 발등, 발목 등으로 신체 부위를 옮겨간다.

e 옷과 피부의 접촉감, 숨을 들이마실 때와 내쉴 때 가슴에서 느꼈자는 감각 차이에도 초점을 맞춰 본다.

f 등 근육, 어깨, 팔꿈치, 손목, 손가락까지 대상을 옮겨가며 감각을 느껴본다. 목, 얼굴, 입술, 턱에서 느껴지는 긴장감과 그 긴장감을 내려놓았을 때의 느슨함을 느끼게 된다.

5 먹기 명상

먹기 명상은 먹는 대상에 주의력을 기울이며 매 순간 삶을 있는 그대로 알아차리고, 마음 챙김 수행에 필요한 통찰력을 기를 수 있는 핵심적인 수행이며, 누구나 쉽고, 친근하게 접하고 느낄 수 있는 명상이다. 이 명상은 방식에 따라 집중 명상이 될 수도 있고 마음 챙김 명상이 될 수도

있다. 먹기에는 주로 귤이나 건포도를 예로 들고 있으나 소재는 다양할 수 있다.

A 집중 명상의 방법

a 귤 하나를 집어 손바닥 위에 놓는다.

b 온 신경을 귤에 집중하면서 마치 태어나서 처음 보는 물건인 것처럼 꽃이 피고, 열매가 맺힌 것에 집중한다.

c 귤이 달리면 농부의 손에 수확되어 이곳으로 오게 되었는가에 초점을 두 고 상상해 본다.

B 마음 챙김 명상의 방법

a 귤을 보면서 느끼는 모양새, 색감, 껍질을 벗기기 위해 손톱으로 까면서 느끼는 독특한 촉감에 초점을 맞춘다.

b 껍질을 깔 때 나오는 귤의 새콤달콤한 향기, 한 조각을 입에 넣고 씹었을 때의 맛에 초점을 맞춘다.

c 입에서 목구멍으로 넘어갈 때의 감각적 느낌 등을 알아차린다.

6 그림 명상

만다라 소묘 그림 명상

명상하려고 하는데 어떻게 해야 할지 모르겠거니 자꾸 잡생각이 들어서 명상을 하기 힘들다면 만다라 소묘로 그림 명상을 권해 본다. 만다라는 명상의 세계로 이끌어주는 도구이다. 티베트의 수행자들은 모래로 만다라를 그리며 고통의 근원인 집착에서 벗어나 자유로워지는 것을 실행하며 끊임없는 자아 성찰을 만다라 그림으로 한다.

* 복잡하고 기하학적으로 보이는 것을 「만다라 소묘 연습 문제집」의 도움을 받아 쉽게 따라 하며 자연스럽게 명상의 세계로 들어갈 수 있다.

만다라 소묘 명상의 효과

a 만다라 도안을 디자인하고 색칠하는 것은 자신의 의식을 한곳에 집중 시 키게 된다. – 이는 명상 초보자나 명상을 한 번도 해 보지 않아도 쉽게 시작할 수 있다. 또한, 명상할 때 호흡, 생각을 어떻게 해야 하는지 알지 못해도 만다라를 그리면 자연히 명상이 된다.

b 이는 자신의 내면을 고요하고 침착하게 하여 고민과 긴장감 그에 따른 스트레스를 풀어주게 된다.

c 만다라 소묘를 통해 고요해진 마음으로, 자신의 내면을 들여다볼 수 있게 된다. – 이는 자신의 에너지가 만다라의 모양과 색으로 형상되며 이를 통해 자신의 부정적 에너지는 긍정적 에너지로 바뀌게 된다.

d 만다라 소묘 후 색칠할 때, 온전히 자신의 의식의 흐름대로 그리고 색

을 칠하다 보면, 진정한 '비움'과 '쉼'을 경험하게 된다.

e 만다라에 '소망'을 담아 보고, 여행지의 추억과 건강, 사랑에 관한 상징적인 패턴(문양)을 담으면 더욱 명상에 빠지게 된다.

f 만다라를 그리면서 자신의 내면을 외부로 표현하는 연습을 통해 스스로 늘 더 잘 알게 된다. - 이는 자신을 더욱 존중하게 하는 데 큰 도움이 된다.

g 만다라 소묘의 큰 장점은 언제 어디서나 할 수 있다는 점이다. - 내 마음을 다독이고 싶을 때, 혹은 나에게 완전한 쉼(휴식)을 주고 싶을 때, 종이와 펜만 있다면 즉시 해소할 수 있게 된다.

7 차크라 명상

차크라CHAKRA 명상이란?

차크라는 산스크리트어로 '바퀴', '원형'으로 인체의 여러 곳에 존재하는 정신적 힘의 중심점을 말한다. 이는 수정 구슬을 이미지화한 집중명상 Concentration Meditation : CM은 수정을 사용한 광명편光明篇 수행과 몸 느낌, 마음 상태 현상에 대해 주의력을 불러일으키는 특히 '치유'이 문제와 관련하여 크게 주목받는 명상 법인 사념처四念處 수행을 합쳐 새롭게 고안된 독특한 집중 수행 방법으로 태국명 상법이다.

이 수행법은 첫 번째 기본 자리인 콧구멍 앞에 작은 수정 공이 머무른다고 상상한다. 남자는 오른쪽 콧구멍 앞에, 여자는 왼쪽 콧구멍 앞에 위치한다.

두 번째 자리는 자신의 눈 바로 앞에 위치하며 눈 가장자리의 눈물샘이 있는 곳이다. 여기서 두 눈이 코끝을 응시하게 되면 집중 효과를 높인다. 다만 코끝에 머물되 편안한 상태가 되어야 한다.

세 번째 자리는 머리의 중심 부분, 네 번째 자리는 입천장 윗부분, 다섯 번째 자리는 목구멍 부분, 여섯 번째 자리는 배꼽 지점의 내부 위치, 일곱 번째 자리는 배꼽 지점에서 자신의 손가락 기준으로 두 개 넓이 높이에 위치하는 몸 중심지점의 내부 위치이다.

이 지점에 수정 구슬을 둔다고 상상하며 오랜 시간 집중하면 더욱 밝고 투명하며 그 크기가 누엣구더긴 커지게 되고 수행이 깊어지면 고요함, 절멸, 적정의 명상 상태인 정정正定 에 들 수 있다. 집중의 도구로 수정 구슬 이미지화 하는 이유는 관상觀想 법으로 몸의 중심지점인 복부 중앙 구슬 중심핵 지점에 멈추는 , 집중명상법을 택하고 있다.

이 자리는 태양 에너지를 흡수하여 몸에 활력을 주어 에너지 센터의 중추역할을 하며, 낮은 차크라들의 욕망과 소망을 정화하는 동시에 창조적 에너지를 조절한다.

심신을 편안하게 해놓은 상태에서 순수하고 완전히 투명하게 둥근 수정 구슬을 형상화하여 마음속에 그리면서 크기나 밝기에 크게 관계없이 이미지화하며, 또는 태양이나 보름달처럼 밝은 달을 떠올려도 된다.

이러한 7개의 주요 차크라는 각각 특정한 빛깔, 형태, 감각기관, 물질적 요소, 신, 만트라(단음절로 된 기도문)와 연결되어 있다. 이들 중 가장 중요한 것은 척추의 가장 밑 부분에 있는 가장 낮은 차크라인 몰라 따라와 정수리(머리의 최상부)에 위치한 가장 높은 차크라인 사하스라라이다.

차크라가 막히면 심신이 불편하고 답답해져 여러 가지 질병을 유발하기도 한다. 이 7단계의 다른 구심점을 형성하는 차크라는 회음부에서 정수리까지 올라가는 의식이 자리하는 곳에 있다. 그 위치와 특징이 달라 각각 다른 감각, 감정 유형, 마음의 속성, 신체 기능을 주관한다.

차크라의 역할은 맨 위에서 사하스라라 차크라는 완전한 합일을, 아주나 차크라는 만트라의 '옴aum'으로 표현하는 신선한 자각을, 비수다 차크라는 '윰'마ma로 갑상선과 부갑상샘을, 아나하타 차크라는 인간 본질의 성품을, 마나프라카 차크라는 육체적 건강의 완성을, 스바디스타나 차크라는 성과 생명 창조의 힘을 주관하며, 맨 아래 물라디라 차크라는 삶의 근본적인 생기를 주관한다.

요가에서 에너지로 여기는 차크라에 이미지를 통한 상상으로 집중하는 명상으로 자신이 이미지를 상상하는 것에 익숙하다면 꼭 추천하고 싶다. 명상이 시작되면 자신의 동작과 호흡과 의식이 함께하는 순간을 만나게 되고 이를 지속하면 명상을 극대화 시킬 수 있다.

차크라 집중명상 동안의 두뇌 영역별 뇌파 특성 및 자율신경의 변화 패턴을 파악을 위해, 8채널 뇌파 및 심전도 측정시스템을 이용하여 배경 뇌파에서부터 1~7 차크라 순서로 각 120초씩 측정을 하였다.

측정 후, 명상 수행 정도에 대한 자기 수행 도를 평가해 수행 상위군 15명과 하위군 6명으로 집단을 구분하고 두 집단의 심리적 특성을 알아보기 위해 심리적 안정감과 긍정심리 척도의 분석 결과, 두뇌 영역별 각 차크라의 변화가 있었다.

이는 뇌의 전두엽(고도의 지적인 영역으로 판단력, 집중력, 생각을 행동으로 옮기는 기능을 하며 이것이 망가지면 주의력 결핍, 우울증, 사이코패스 같은 성향이 나타날 수 있다)과 두정엽(전두엽과 후두엽의 대뇌피질 부위로 체성 감각인 촉각, 온도, 통각, 가려움, 시각정보의 위치 등에 대한 정보 전달)에서 알파파와 감마파가 집단간 유의한 차이를 보였다.

알파파는 1초 동안 주파수가 8~13으로 나타나는 뇌파로, 눈을 뜨고 있는 안정할 때 건강한 사람에게 전형적으로 볼 수 있으며, 주로 후두부에서 발생하며, 감마파는 30Hz(Hz) 이상의 가진 뇌파로 극도로 긴장하거나 복잡한 정신 활동을 수행할 때 활성화된다.

차크라 명상 방법과 이론

- 1번 차크라는 척추의 맨 아래, 회음부 근처에 위치한다. 이곳의 차코라가 막히면 두려움과 불안, 좌절을 느끼게 된다. 명상할 때 아름다운 빨간 빛 이 회음부 근처에서 빛나는 모습을 떠올린다.
- 2번 차크라는 배꼽 아래에 위치한다. 이곳의 차크라가 원활하면 자기

자 신에 대한 확신이 생기고 창조성도 도와준다. 아름다운 주황 빛이 내리는 모습을 떠올린다.

c 3번 차크라는 명치와 배꼽 사이에 있다. 3번 차크라가 균형을 이루면 육체적으로 소화력과 면역 역이 강화된다. 정신적으로는 일에 열정이 생기 고, 추진력, 사회성을 기를 수 있다. 아름다운 노란 빛이 퍼져 나오는 것을 떠올 리며 명상을 한다.

d 4번 차크라는 가슴 중앙 부근에 위치한다. 이 차크라가 균형을 잃으면 사랑과 연민의 감정이 소통되지 못해 자신을 한탄하거나 다른 사람에게 집착하 게 된다. 육체적으로는 호흡기를 관장한다. 4번 차크라가 균형을 잡으면 사랑받을 자격이 있다는 것을 느끼고, 다른 사람을 신뢰하게 된다. 아름다운 초록 빛을 떠올린다.

e 5번 차크라는 목 부근에 위치한다. 의사소통에 관계한다. 여기에 균형을 잃으면 자기 생각을 표현하지 못하고 겁이 나거나 자신이 약하게 느껴지게 된다. 육체적으로 목소리와 갑상샘에 관계한다. 파랑 빛이 목 부근에 빛나는 것을 떠올린다.

f 6번 차크라는 눈썹 사이에 있다. 6번 차크라가 균형을 이루면 지혜로 와지고, 머리가 맑고 눈이 밝은 느낌 그리고 통찰력과 직관력을 높일 수 있다. 아름다운 남색 빛이 쏟아지는 모습을 떠올린다.

g 7번 차크라는 정수리 부근에 위치한다. 육체적 기능보다, 정신적 기능을 주로 한다. 이 차크라가 활성화되면 육체 전반에 생기가 생긴다. 내 안의 조화와 평화, 그리고 우주와 연결된 느낌을 받을 수 있다. 아름다운 보랏 빛이 퍼져 나오는 것을 그리며 명상을 한다.

* 7번 차크라 외에 머리 위에 8번 차크라가 있다. 머리 위 40cm에서 대 아몬드의 반짝임 혹은 진줏빛의 아름다운 하얀색이 내 머리 위로 쏟아져 내린다고 떠올

려보면, 모든 차크라에 집중할 때마다 기쁨과 감사로 충만할 것이다.

차크라 명상 방법

8번 진줏 빛
7번 브랏 빛
6번 남색 빛
5번 파랑 빛
4번 초록 빛
3번 노란 빛
2번 주황 빛
1번 빨간 빛

a 의자 등에 걸터앉아 허리를 펴고 편안한 자세를 취한다.

b 눈을 감고 몇 미터 앞에 화이트보드가 있다고 상상을 하면서 보드 위에 점을 하나 찍고 그 점에 시선을 모은다.

c 점이 내게로 점점 다가오고 시선의 초점도 따라서 가까워진다.

d 초점이 양미간 사이로 들어와 머리 안에 머물고, 시선도 머리 안에 머무른다.

e 머리에 파란빛의 공이 있다고 상상한다. 숨을 들이마실 때 빛의 공이 좀 더 밝아지고 커지고, 내 쉴 때 빛이 잦아들어 이렇게 빛과 함께 호흡한다.

f 머리의 빛의 공이 아래로 가라앉아 목으로 오고, 역시 들숨 날숨과 함께 머물며 빛과 함께 호흡한다.

g 이렇게 빛의 공이 명치로, 단전 그리고 그 아래 지점으로 내려와 머무는 것을 상상하며 빛과 함께 호흡한다.

h 마음 속으로 마무리한다고 생각하고 심호흡을 몇 차례 한 후 마친다.

칼 융과 차크라 명상

융은 차크라의 체계를 개별화 과정으로 생각했다. 개별화 과정은 무의식이 의식화됨으로써 자기실현을 이루는 것을 의미한다. 융은 "개별화 과정은 최초로 정체성이 형성되는 단계로부터 시작되는 것으로 의식의 발달과 같은 것이다. 따라서 개별화 과정은 의식적, 심리적 삶을 풍부하게 하는 의식 영역의 확장을 의미한다."라고 말했다.

의식화 및 자아실현을 이루는 추진력은 '자아ego'에서 나오는 것이 아니라, 정신의 전체적인 '자기self'에서 나온다. 그러므로 자기실현self-actualization은 내적 전체인 자기가 지금 이 상황에서 '나ego'에게 원하는 것이 무엇이며, 나를 통하여 성취하고 싶은 것이 무엇인가를 아는 것을 뜻하며, 또한 자기로부터 이와 같은 메시지들을 듣는 것을 의미한다.

차크라 체계란 무엇인가? 쿤달리니 요가의 가르침에 의하면, 인간은 미묘한 몸(모든 물리적 감각을 형성하는 힘들을 운반하는 에테르의 몸, 정서의 몸, 마음의 몸, 영혼의 몸)을 가지고 있는데, 그것은 우리의 물리적인 몸에 퍼져나가, 물리적인 몸을 둘러싸고 있다고 한다.

삶의 에너지는 이 미묘한 몸을 통해 흐르는데, 이 에너지를 쿤달리니라고 하며, 상징적으로 뱀으로 묘사된다. 쿤달리니는 척추의 가장 아래쪽에서 감긴 상태로 수면을 취하고 있다.

명상에서는, 이 쿤달리니를 일깨워 삶의 에너지를 흐르게 하여 치유의 힘으로 발달시키는 것을 중요하게 생각한다. 인도인들은 이 에너지의 주요한 경로가 척추이며, 그것은 척추를 따라 흐른다고 한다.

이 에너지는 척추를 따라 오를 때, 뿌리 차크라부터 시작해서 차례로 각 차크라를 거쳐 왕관 차크라까지 올라간다. 시각적으로 말하면, 그것은 땅에서 하늘까지 나아간다. 그 일곱 가지 주요 차크라 세터는 척추의 맨 아래, 복부 밑, 태양신경총, 가슴, 목구멍, 이마, 그리고 정수리에 있다.

분석 심리학에서의 차크라의 상징

a 물라다라 Muladhara

제1 차크라로 뿌리를 나타낸다. 물라다라는 쿤달리니의 자리이다. 모든 에너지는 물라다나 안에 담겨 있는데, 이 에너지는 아직 활성화되지 않았다. 이 차크라는 의식의 세계이며, 모든 무의식은 활동하지 않는 상태로 있다. 물라다라는 평범한 일상의 삶이며, 우리가 사는 하루 하루가 존재하는 평범한 삶의 현장이다.

b 스와디스타나 Svadhistana

제2 차크라로 양극성을 나타내며, 원소는 물이다. 스와디스타나는 '자기 자신의 생존 공간'이라는 의미이다. 이 차크라는 아직도 우리에게 속해 있는 무의식의 영역을 상징한다. 그리고 무의식의 모든 특성을 품고 있다. 우리의 전체 인격은 의식의 세계뿐만 아니라 무의식의 세계도 포함된다.

물라다라를 벗어난 길은 우리를 무의식으로 인도한다. 그러나 어떤 의미로는 무의식과 의식은 서로 보완 관계이므로 의식과 무의식 사이에 양극이 생긴다. 우리가 의식의 세계에서 배웠던 확실한 그 무엇들은 이제 완전히 다른 가치를 가지게 된다.

c 마니푸라 Manipura

제3 차크라로 태양신경총이며, 차크라의 원소는 불이다. 마니푸라는 '보석의 도시'라는 의미이다. 그리고 우리의 몸 속에서 불의 센터에 해당한다. 마니푸라에서는 열정, 성욕, 권력에 대한 의지, 그리고 평소에는 자신에게 억압되어 있던 모든 악마적인 감정들이 속박에서 풀려난다.

마니푸라에서는 평소에는 우리에게 억압되어 있던 모든 악마적인 감정들이 속박에서 풀려난다. 불이 없는 곳에는 빛도 없다. 불은 고통스럽고, 태우며, 우리의 시간을 고장나게 할 것이다. 그러나 불은 또한 강함의 원천이다.

융은 마니푸라에 대해 "여기에 있는 불은 분리되고 모순된 것들이 함께 녹아있기 때문에 치유력이 있다. 마니푸라는 물질들이 함께 섞이고 함께 녹는 용광로와 유사한 만남의 불이다." 이것이 마니푸라 차크라의 정확한 의미다. 분리되어 있는 것은 통합된다.

d 아나하타 Anahata

제4 차크라로 가슴이다. 가슴의 원소는 공기이다. 아나하타 차크라는 외부의 영향으로 진동이 일어나지 않는다. 이 진동은 근원적인 진동이다. 태어나지도, 죽지도 않는 영원한 진동인 신성한 우주의 신비에서 나온다. '신성한 진동'은 에너지이며, 이 에너지는 물질이 만들어지는 원소들의 입자로서 물질 자체를 나타낸다.

융은 마니푸라와 아나하타의 차이를 "마니푸라에서 우리는 오직 순수한 감정만을 가진다. 우리가 감정을 볼 수 있는 어떤 객관성이 없다. 우리는 자신의 감정에 아무런 통제를 가할 수 없다" 우리가 감정 그 자체이다. 아나하타에서 우리는 "기분이 안 좋아"라고 말할 수 있다. 그러나 마니푸라에서 우리는 우리가 결코 인정할 수 없는 불쾌한 기분 그 자체가 된다.

비슈디 Vishuddhi

제5 차크라는 목구멍이다. 비슈디의 원소는 에테르다. 목구멍 차크라는 다섯 번째 원소로 알려졌던 에테르와 관련이 있다. 이는 물질 세계와는 더 이상 직접적인 관련이 없다. "그것은 물질이 아닌 물질이다" 에테르는 세계를 채우고 있는 창공이며, 그 창공을 채우고 있는 물질이다. 그것은 또한 소리의 물질이기도 하다. 소리는 에테르 속에 있거나 에테르로 형성된다. 천체의 음악과 천국의 합창은 우리에게 이것을 상기시켜 준다.

"귀는 에테르의 미세한sthula 표현이므로, 우리가 소리를 인지할 수 있는 것이다. 귀와 소리는 같은 물질로 되어 있다." 귀는 청각을 통해 목구멍과 연결되어 있다. 이것은 귀가 목구멍 차크라와도 연결되어 있음을 의미한다.

에테르는 물질이 정신으로 바뀔 때의 과도기적 원소다. "에테르는 물질이 아닌 물질이며, 개념이지만 틀림없는 물질이다"라고 융은 말한다. 에테르는 물질의 상승이다. 비슈디 차크라는 정신적 현상의 세계다. 세상 현실에서 얻은 사실들이 아닌 정신적 경험이 비슈디에서는 실재하는 것이다.

f 아갸나 Ajna

제6 차크라로 제3의 눈 즉, '지시'이다. 제3의 눈 차크라에 대한 도형은 단지 두 개의 문자와 두 개의 연꽃으로 되어 있다. 모든 자음과 모음들이 꽃잎 위에 나타난 후 남은 두 자인 크샤 ksa 와 하 ha 가 두 개의 연꽃잎에 새겨져 있다.

좌측에 있는 '하'는 남성적인 면을 표현하고, 오른쪽에 있는 '크사'는 여성적인 면을 표방한다. 그래서 이 차크라의 상징은 남성과 여성의 결합에 관련이 있다. 이 아가 나 차크라는 심리적으로 감각의 세계를 떠나버린다. 더 이상 외부적인 실재는 존재하지 않으며 오직 내적 실재만 존재한다.

융은 두 차크라는 더 이상 우리의 평범한 수준의 경험에 속하지 않으며, 인간에 의해 쉽게 달성될 수 없는 것이라 믿었다. 아갸나 차크라에 관해서는 "우리가 여기에 정신만이 존재한다는 것을 안다. 그러나 또 다른 정신, 우리의 정신적 현실에 반대되는 비자아의 현실, 자아라고 불릴 수 없는 것이 있다. 정신적인 것은 더 이상 우리 내부의 내용이 될 수 없지만, 우리가 그것이 내용이 된다"고 말한다.

g 사하스라라 Sahasrara

제7 차크라로 천 개의 꽃잎이 있는 연꽃의 왕관이다. 제7 차크라 사하스라라는 왕관 차크라로 상징은 '천 개의 연꽃잎'이다. 천 개의 연꽃잎은 전체 산스크리트 알파벳에 20을 곱한 것으로 1,000개가 된다. 이 50개의 글자는 머리 둘레에 있는 20줄 안에 놓여 있다. 그리고 연꽃잎들이 아래쪽을 향한다는 것이다.

우리는 정상에 도달하면, 차크라의 뿌리로 되돌아온다. 성취된 전체의 풍부함은 처음으로 돌아가 아래 방향을 가리킨다. '가장 높은 것'의 음절로서 '옴'은 천 개의　꽃잎으로 왕관을 만든다.

　천 개의 글자는 '모든 것', 그리고 '아무것도 아님'을 의미한다. 알파벳은 모든 것과 아무것도 아님의 결합이다. 우리는 글자를 결합시킬 수 있기 때문에, 존재하는 모든 것을 표현할 수 있다. 알파벳은 '모든 것과 아무것도 아닌 것'의 아주 적절한 표현으로, 옴 안에 집약된다.

　융은 사하스라라 차크라는 어떤 유형의 경험을 넘어선다고 말한다. 사하스라라는 오직 브라만만이 존재한다. 그것은 다른 하나가 존재하지 않는 하나이기 때문에 경험이 없다. 그것은 '두 개가 아닌' 것이며, 두 개가 아닌 모든 것이며, 양극성과는 관계가 없기 때문에 경험될 수 없다. '존재'와 '존재하지 않음'의 결합은 이 세상에서 가능하지 않다. 존재하지 않으면서 동시에 존재하는 것이 열반(nirvana)이라 불린다.

일곱 차크라의 조화

차크라는 자신의 고유한 기억을 회상하도록 돕는다. 자신의 몸은 끊임없이 영혼의 발달 과정을 상기시킨다. 차크라의 수는 무한하다. 그러나 7개의 주요 차크라가 움직이기 시작하면, 다른 모든 차크라가 같이 따라 움직인다.

　에너지는 차크라를 통하여 우주 또는 주변에 있는 세상으로부터 자신에게 흡수되는데, 이를 프라나(prana 생기)라 한다. 그리고 프라나가 흐르는 경로들을 나디(nadi)라고 한다. 내 몸에 차크라가 에너지를 빨아들일 때, 이들 빨아들여진 에너지는 몸으로 흘러들어 가서 생명을 불어넣는다. 그러나 우리는 우리를 에워싼 모든 에너지를 흡수하지는 않는다는 사실이 중요하다.

차크라는 꽃이 추울 때는 닫히고 따뜻할 때는 열리는 것과 같이, 자동적으로 열리고 닫힌다. 차크라는 유익한 에너지는 받아들이고, 해로운 에너지로부터는 자신을 보호한다. 그러나 차크라를 다루는 적절한 방법이 대부분 잊혀져 버렸기에 오늘날 많은 사람들의 차크라가 막혀 버렸다.

그러므로 차크라 명상을 통하여 우리는 차크라에 적절하게 접근하는 법을 배울 수 있다. 그러면 차크라는 다시 유연해질 수 있게 된다. 차크라는 명상 후에 넓게 열린다는 것을 기억해야 한다. 우리는 일상의 생활로 돌아가기 전에 차크라를 조화시켜야 한다.

차크라 조화시키기

이 조화시키기는 서서 한다. 먼저, 양손의 끝을 몸에 닿지 않게 배 위에서 잡는다. 그리고 두 손의 끝을 맞추어 서서히 몸 위로 올려서 머리 위쪽으로 쭉 뻗었다가 목덜미까지 내리는 동작을 10회 정도 전후 왕복을 반복한다. 자신이 부정적인 영향들을 견제할 필요를 느낄 때 하면 도움이 된다. 오직 긍정적인 에너지만 흡수하고 부정적인 에너지는 차크라 스스로가 막을 것이다.

차크라를 발달시키는 수련

A 뿌리 차크라 수련

a 양 팔을 앞으로 쭉 뻗고, 손바닥을 아래로 향하게 하면서, 무릎을 앉는 자세로 구부린다. 그러면서 "자신의 땅을 축복한다"고 상상한다.

b 일어설 때는 "나는 지금 이곳에 살고 있다" "나는 지금 소중히 여겨야 할 것에 신경을 쓰고 있다"고 생각한다.

c 이렇게 서서히 앉았다 일어났다를 기분이 좋은 느낌이 들 때까지 되풀이 한다.

B 양극성 차크라 수련

a 오른손은 위로 뻗고, 동시에 왼손은 아래로 뻗는다. 이렇게 하는 동안 "나는 위와 아래로 뻗어 있다"고 생각한다.

b 그 다음, 왼손을 위로 하고 오른손은 아래로 뻗어 "나는 오른쪽과 왼쪽으로 뻗어 있다"고 생각한다.

c 제대로 느낄 수 있을 만큼, 10초 정도에서 자세를 바꾸고, "밝음과 어두움, 낮과 밤, 영원과 순간, 좌절과 즐거움" 등과 같은 양극에 대해 계속 생각한다.

C 태양신경총 차크라 수련

a 두 팔을 등과 배 쪽에 놓고 가볍게 흔들며 "나는 오른쪽, 위와 아래, 안과 밖을 연결한다"고 생각한다.

b 흔드는 양팔의 방향을 앞뒤로 바꾸어 가며, 충분하다고 느낄 때까지 되풀이한다.

D 가슴 차크라 수련

a 양팔을 수평되게 옆으로 뻗는다.

b 양 팔꿈치를 구부리지 말고 뒤로 뻗으면, 양 어깨의 목 부위의 쇄골 바로 아래에 있는 견갑골에 압박감을 느끼게 될 것이다.

c 가슴을 위로 앞으로 펴고 숨을 깊이 들이마신다. 그리고 팔을 양쪽으로 뻗어 손바닥을 몸 앞으로 모으고 숨을 내쉰다. 등을 약간 둥글게

굽힌다.

d 두 팔과 손을 뒤로 하여 숨을 들이쉬면서 '세계로 향하는 나는 나 자신을 연다'라고 생각한다.

e 다시 앞으로 하여 숨을 천천히 내쉬면서 '나는 완전한 나 자신이다'라고 생각한다.

E 목구멍 차크라 수련

a 턱을 천천히 올리면서 '하늘에서'를 생각하고 턱을 내리면서 '지상에서'를 생각한다.

b 머리를 왼쪽으로 비스듬히 하면서 '영원'을 생각하고 다시 오른쪽으로 '순간'을 생각한다.

c 이렇게 충분히 느낄 때까지 반복하면서 '영원을 순간에서, 영원을 순간에서'를 반복하며 생각한다.

d 처음에는 턱을 위로, 그리고 아래로, 머리를 왼쪽으로 그리고 오른쪽으로 돌리면서 '영원을 순간에서'를 생각한다.

F 눈 차크라 수련

a 눈을 위로 치켜 올려 제3의 눈을 느끼며 '하늘에 있다고 상상되는 것'을 생각한다.

b 그리고 천천히 아래로 등을 굽힌다. 이 동작을 하는 동안에 제3의 눈을 느끼며 상상한다.

c 손가락이 땅에 닿을 때까지 천천히 등을 아래로 굽힌다. 이것이 약간 힘들면 무릎을 약간 굽혀도 된다.

d 시작 때 자세로 되돌리기 위해 등을 천천히 편다. 이때 생각은 위의

내용과 같이 생각하면 된다.

G 왕관 차크라 수련

a 가슴 앞에 두 손을 모아 천천히 손을 할 수 있는 한 위로 멀리 뻗는다. 그러면서 '나는 신비로움 안에 있다'를 생각하라.

b 다시 손을 천천히 정수리로 옮기고, 손을 조금 펼쳐서 왕관을 만든다. 그러면서 '신비로움은 내 안에 있다'를 생각하면서 잠시 머무른다 .

c 그리고 처음 동작으로 돌아간다. 충분히 느낄 때까지 반복한다.

차크라가 상징하는 색

a 빨강 – 뿌리 차크라

밝은 빨강은 원심적인 색이고, 어두운 빨강은 구심적인 색이다. 원심적은 외부 지향적인 색이며 남성적이고, 구심적은 내부 지향적은 여성적인 색이다. 밝은 빨강은 외부 세계에서 영향력을 가지는 삶을 상징하고, 어두운 빨강은 감추어진 내면의 삶을 상징한다.

외부 지향적 빨강은 미움이나 사랑으로 표현되는 강렬한 감정을 표현하고 그것은 화성(火星)이다. 이러한 외부 지향적 빨강은 또한 죽음을 이미한다. 그것은 외부로 흐르는 피는 죽음을 초래하기 때문이고, 반면에 내부의 피는 삶을 의미한다. 그리고 빨강은 에너지와 힘을 표현한다.

b 주황 – 천골 차크라

주황은 지구의 붉음과 태양의 노랑을 가지는데 이를 합성한 색이다. 주황은 하늘의 금빛과 지구의 붉은 빛 사이에 위치하고 있다. 우리는 태양이 질 때, 양극성 차크라의 주황색을 볼 수 있는데, 태양은 서쪽 바다에서 주황빛과 빨간빛이 내는 빛의 그림자 속에서 저물어 아름다운 밤바다를 수 놓는다.

c 노랑 - 태양신경총 차크라

노랑도 양면성의 색으로 태양신경총 차크라와 연관되어 있다. 태양은 이런 양면성의 상징이다. 활력을 상징하는 태양은 기쁨과 즐거움으로 가득 찬 황금빛으로 빛나지만, 다른 한편으로는 땅을 바짝 말리고, 고통을 주며, 식물과 동물, 그리고 번쩍이며 작열하는 태양은 인간까지도 죽음으로 몰고 간다.

d 초록 - 가슴 차크라

초록은 모든 생물이 성장하는 것을 나타내는 색이다. 성장이란 사물이 존재함을 의미하나 또한 아직까지 완전하게 발달하지 못했음을 뜻한다. 성장하고 있는 사람을 우리는 '미숙하다'고 하며, 풋내기 등으로 얕보는 경향이 있다. 그러나 초록은 매우 아름다운 것으로 비춰지기도 한다. 이를테면 '실록이 우거졌다'로 감탄한다.

초록은 중간색으로서, 낮은 곳의 노랑과 높은 곳의 파랑이 하나로 합쳐지는 곳이다. 짙은 초록과 질투를 의미하는 노랑. 초록 둘 다 아래를 향함을 의미한다. 위로   향하는 '초록색의 힘'이다. 중간색으로서의 초록은 하늘과 땅 사이에 있고, 위쪽과 아래쪽, 뜨거움과 차가움 사이에 있다.

e 파랑 - 목구멍 차크라

인도 신화에서 파랑은 "세상이 우주의 바다에서 창조될 때, 표면에 나온 첫 물질이 우주가 가지고 있는 뱀의 독이었다. 또한 그것은 우주의 파괴적 힘이었기 때문에,   신에 의해서도 해독될 수가 없었다. 이 독을 삼킬 수 있는 존재가 단 하나 있었는데, 그는 우주의 파괴적인 힘이며 우주적 인간으로 모든 존재의 기원인 쉬바라는   신이었다"

파랑도 다른 색들과 마찬가지로 이중적이다. 진실과 충성을 나타내지만, 한편으로는 차가움과 기만을 나타내기도 한다. '얼음같이 차가운 파랑', '너의 얼굴이 파랗게 질릴 때까지' 등으로, 그러나 파랑은 또한 경이로움을 표현하는 비밀스러운 푸른 달 같은 색이기도 하다. 파랑은 별자리 중에서 처녀자리에 속하고, 파랑을 '비 세속적인 숭고함'이라고 서양의 유명 화가는 말했다.

f 남색 – 제3의 눈 차크라

남색은 파랑과 보라가 혼합된 색이다. 남색은 '자아ego, 양극성'와 '자기self, 통합'의 공존을 위한 적합한 상징이다. 자아의 의지는 자기의 의지와 하나가 되어 제 3의 눈에서 완벽하게 나타난다.

남색은 깨어남에서 수면으로, 수면에서 비몽사몽의 깨어남으로, 꿈에서 현실로, 현실에서 꿈으로의 변환을 상징한다. 이렇듯 무의식에 가까운 상태에서부터 깊은 통찰력이 생겨나는데, 그것이 제3의 눈의 특징이다. 남색은 명상, 신비주의, 공감을 나타낸다. 그것은 우주적 지성과 지혜와의 결합을 상징하기도 한다.

g 보라 – 왕관 차크라

보라는 가장 '낮은' 차크라 빨강과 가장 '높은' 차크라 파랑의 융합이다.

그래서 보라는 모든 차크라의 통합을 뜻한다. 통합과 융합은 다른 모든 것을 지배하는 왕관 차크라의 주제가 된다. 왕관 차크라에서 두 개로 분리되거나 파괴될 수 있는 것은 없다.

왕관 차크라는 하나로 통합되는 피상적이고 비밀스러운 세계를 상징한다. 또한 모든 것을 표현하는 보라색은 왕관 차크라 안에서 하나가 된다. 우리는 이것을 남성성과 여성성의 양극성을 사용하여 나타낼 수 있다.

빨강은 남성성으로 여겨지는 반면, 여성성으로도 비춰진다. 공격적인 화성의 붉음은 남성적인 색으로 비춰진다. 이를 색상 테스트에서 '충동적 정복심의 표현'이라 부른다. 반면에 땅을 나타내는 따뜻한 빨강은 여성적으로 보인다.

차크라 명상의 효과

집중명상의 치유 효과 중 차크라 이론은 현대 의학과도 밀접한 연관이 있다. 생리적 효과 측면에서 일곱 번째 자리 '마니뿌라 차크라Manipura Cakre'의 지점과 동일하다.

차크라 에너지는 감정, 지성, 생기 에너지와 관련된다. 이 차크라들이 원활하게 기능해야 자신 내면의 평화를 느끼고, 성공적인 관계를 맺게 된다. 그러면 정신적인 행복뿐만 아니라 몸의 건강도 좋게 해 준다. 이를 강화하면 두려움이나 분노 등의 문제를 개선할 수 있다.

또한, 차크라 에너지가 원활히 흐르면 사랑, 소통, 지혜 등을 키우고 참 자아를 발견할 수 있다. 7가지 차크라 중에 어디에서 균형이 깨지거나 막히면, 건강을 잃게 되고, 대인 관계나 정신적인 어려움을 겪게 될 수도 있다.

음악 명상과 명상 음악의 개념

음악이 명상에 활용되는 경우는 음악 명상과 명상 음악으로 나눌 수 있

다. 음악 명상은 음악 그 자체가 '명상'이고 명상 음악은 '음악'이라는 측면에서 두 음악이 유사하면서 다른 개념이라 본다.

음악 명상은 명상을 이끌려는 방법이 포함되지만 명상음악은 '음악'이기 때문에 명상을 위한 단계적 프로그램이나 안내가 포함되지 않는다.

음악 명상이 가지는 특성

먼저 공명을 꼽을 수 있다. 공명은 같은 주파수를 가진 진동체가 함께 진동하는 것으로 음악명 상에서 매우 유용하게 활용된다.

a 신체와 공명은 명상 음악의 감상을 통해 뇌파를 명상 시 뇌파와 유사하게 동조화시키게 하며 심신의 조화를 가져온다.

b 음악명상을 하는 동안 억압된 감정의 해소 및 정화를 가능하게 하며 마음속에 억압된 감정의 응어리나 상처를 언어나 행동을 통해 외부로 그 퍼냄으로써 강박관념을 없애고 정신의 안정을 찾는 카타르시스를 느끼게 하여 심리치유의 효과를 봐온다.

c 음악 명상을 통해 신체, 정서, 타인과의 공명을 넘어서서 자신의 청정한 마음을 만나게 된다.

음악 명상과 공명

모든 존재는 파동이다. 일체 삼라만상은 진동하고 있으며, 제각기 고유한 주파수를 발하고 독특한 파장을 하고 있다. 원자 규모의 미시적 대상을 다루는 양자역학의 세계에서는 물질이란 본래 파동에 지나지 않는다는 것이다.

물질을 잘게 나누어 가면 모든 것이 입자이면서 파장으로 변하는 불가사의한 세계와 만나게 된다. 모든 존재가 파동이기에 각각의 진동하며 그러한 진동은 공명현상을 통해 다른 진동체로 에너지를 전달한다.

이러한 진동은 눈에 보이는 물질에서만 일어나는 것은 아니다. 마음에서도 일어난다. 마음의 작용은 우리 몸속에서 생화학 반응을 일으키기 때문이다.

우리 몸의 모든 기관이나, 부위, 신경계, 호르몬계, 소화계, 면역계 등의 조직망은 아미노산 화합물인 펩타이드와 특수 메신저인 펩타이드 수용체를 통해 서로 교류한다. 그러므로 감정은 반드시 구체적인 물지를 전환되어 몸 안에 특정한 화학물질로 분비되고 생화학 작용을 일으키며 자신의 몸속에서 상호고 류가 이루어진다.

우리가 아름다운 풍경을 보거나 행복한 경험을 했을 때 도파민과 옥시토신 호르몬이 분비된다. 이는 감정을 통해 마음이 물질로 전한됨을 알 수 있다. 이러한 전달은 두 생명체 사이에서도 이루어지며 이것을 '변연계 공명'이라고 한다. 이는 사랑하는 연인이나 모성애에서 오가는 감정은 변연계의 공명 때문에 일어난다.

음악 명상에서도 이러한 공명 현상은 중요하게 작용한다. 음악 자체가 공명에 의한 것이기 때문에 특정 주파수를 한 음악을 들으면서 명상을 하면 쉽게 명상 상태에 도달할 수 있다. 명상 음악 중 많은 음악이 소리의 주파수에 뇌파가 동조화되는 공명 현상을 이용하여 작곡한 음악이다.

음악 명상의 종류

음악명상의 종류를 크게 나누어보면 신크로니스티 Synchronicity 음악 명상, 바이노럴 비트 Binaural beats를 활용한 음악 명상, 그 밖에 명상음악이 뇌파 및 신체, 심리에 미치는 영향, 차크라 음악 명상, 불교음악 명상, 싱잉볼 테라피 음악명상을 들 수 있다.

A 신크로니스티 음악 명상

a 미국의 신크로니스티 현대 음악명 상은 음악의 힘과 현대의 과학기술을 접목하여 현대인들의 생활스타일에 맞도록 재구성한 통합프로그

램으로 몸과 마음, 정신의 조화와 균형을 바탕으로 더 높은 의식의 단계로 나아가도록 하는 프로그램이다.

b 근원의식에서 멀어질수록 인간은 분열되고 편향되기 때문에 이 명상에서는 긍정적인 극, 부정적인 극의 균형을 이루기 위한 명상으로 좌뇌와 우뇌의 균형을 맞추는 '전체 두뇌 공조whole-brain synchrony'를 위하여 음악을 활용한다.

c 낮은 베타파, 알파파, 세타파, 델타파가 나올 수 있도록 각각의 뇌파에 맞추어 작곡된 명상음악을 감상함으로써 전체 두뇌 공조를 끌어낸다.

d 신크로니스티 음악 명상은 이러한 뇌파의 변화를 통해 심리적인 변화를 끌어내 무의식을 의식화하고, 편향성을 조화롭게 하여 통합적인 삶을 살아가도록 한다.

B 바이로럴 비트 음악 명상

a 음악이 뇌파에 미치는 원리를 이용한 대표적인 음향 기술

b 현대인들이 손쉽게 이용하는 유튜브 사이트에 들어가면 수많은 바이로럴 비트 명상음악이 업로드된 것을 확인할 수 있다.

c 바이로럴 비트만 들으면서 명상을 한 것보다 자극 효과를 증가시켜서 세타파와 낮은 알파파를 증가시키는 것으로 밝혀졌다. 즉, 바이로럴 비트 자체만으로도 세타파와 낮은 알파파를 증가시키지만, 음악과 함께했을 때 더욱 자극 효과를 증가시킨다는 것이다.

C 자연의 소리 음악 명상

a 시냇물 소리, 새소리, 파도 소리와 같이 자연의 소리가 알파파를 발생

시키는 원리를 활용한 자연 음악명 상은 여러 연구를 통해 그 치유력이 입증되었다.

b 자연의 파동으로 들어가서 마음을 평온하게 하여 자신을 돌아볼 시간을 갖게 한다.

D 차크라 음악 명상

a 차크라는 신체에 각기 고유한 에너지가 밀집되어있는 센터이다. 해부학적 기관은 7개의 차크라가 중추신경 기관인 뇌와 척수를 중심으로 있다.

b 차크라를 조화롭게 활성화하고 균형을 이루기 위해 만트라, 요가, 색채(그리기) 등이 사용되고 차크라 음악도 사용된다.

c 차크라를 음악 진동 때문에 더욱 쉽고 정확하게 감지하기 위하여 신체 내의 일곱 개 에너지 센터에 대응하여 차크라 에너지를 활성화하고 조화로 게 작용할 수 있도록 도움을 주는 음악으로 일상생활에서 부정적인 정서를 와 화사키며 심신의 안정을 가져다주어 최고의 효과를 얻을 수 있도록 특별하게 고안된 음악이다.

E 불교음악 명상

우리의 전통적인 불교음악은 대단히 명상 성을 지닌다. 범패는 물론 각종 불교의 제위식에서 쓰이는 음악 모두가 깊은 명상 음악이다.

a 음악명상과 선의 접점을 사마타적인 음악명상과 위빠사나적인 음악명 상으로 나누어볼 수 있다.

b 사마타적인 음악명상으로서 음악의 베이스 숫자 또한 박자를 세는 방법으로 수식관數息觀을 음악명 상에 적용하면 더욱 쉽게 집중 상태

로 들어갈 수 있다.

c 위빠사나적인 음악명 상으로는 음악을 통찰하면서 듣는 것을 제안하면서 처음에는 음악에 내재한 관찰 요소들(선율, 화성, 리듬, 음색, 강약, 악곡 구조 등)을 인식한다.

d 이렇게 듣고 다음 단계에서는 음악을 들으면서 떠오르고 사라지는 자기 생각, 욕망, 감정, 의도에도 주의를 기울이면서 마음 챙김 하는 방법으로 진행하면 된다.

음악 명상의 효과

a 음악이 진동은 심박 수와 밀접한 연관이 있으며 명상을 하지 않고 음악만 듣게 되더라도 심신이 편안해지는 효과가 있다.

b 음악에도 호흡이 있다. 이는 리듬이나 박자와는 다른 개념이다. 시의 운 밤 같은 것이라고 할까. 이는 자연스럽게 불안감을 감소 시키고 통증을 감소시키는 중재 방법으로 사용하고 있다.

c 자연의 파동으로 들어가서 마음을 평온하게 하여 자신을 돌아볼 시간을 갖게 한다.

9 싱잉볼Singing Bowl 명상

싱잉볼은 해외에서는 이미 매우 보편적인 명상 방법 가운데 하나로 자리 잡았지만, 아직 국내에서는 이제 막 개념을 알아가는 중이다. 2020년 8월에 tvN 예능 프로그램인 '여름방학'에서 배우 정유미가 싱싱볼볼 소리를 들으며 휴식을 취하는 모습이 실시간 검색어 순위에 들었고, 가수 화사 등 여러 연예인이 최근 싱잉 볼을 사용하는 모습이 자주 방영되어 대중의 관심을 받기도 한다.

노래하는 명상 주발, 아름다운 소리가 울려 퍼지는 명상 주발로 티베트와 네팔의 전 통치유에 사용되던 도구이다. 싱잉볼 소리는 '깊은 명상 상태로 유도하여 자연치 유력을 극대화 시키는 음향 마사지 도구'이다.

주발을 막대로 문지르거나 두들기면 신비로운 공명과 강한 파동이 발생하는데 이 소리가 마음을 안정시키고 잡념을 떨치게 한다. 싱잉볼의 기원은 2,400년 전 붓다 시대로 거슬러 올라갈 만큼 뿌리 깊은 전통을 가지고 있다

싱잉볼은 일곱 가지(주석, 납, 수은, 금, 철, 구리, 은)로 만들어진다. 표면을 문지르거나 두드려 울림 파장을 만드는 종의 일종이다. 싱잉볼이 울리면서 내는 독특한 소리와 울림으로 고유의 하모니를 만들고 아주 부드럽고 편안한 세계로 자신을 안 내해, 주로 명상에 사용되고 있다.

싱잉볼은 어떤 원리로 명상과 연결될까?

양자물리학의 관점으로 보았을 때, 존재하는 모든 것 즉, 육체, 생각, 물체의 원형은 파동이라고 한다. 이 파동 입자는 고정되어 있지 않으며 염원에 따라 변하기도 하며 다른 진동과 동조되고 공명하며 진동하고 있다. 싱잉볼은 신성한 소리를 내며 우주의 진동이라 할 만큼 조화로운 진동을 발산한다.

그런데 스트레스를 받거나 감정적인 상처를 받거나 몸에 질병이 생기면 진동의 균형이 깨어지는데 이때 싱잉볼의 조화로운 진동에 둘러싸이게 되면 동조되어 우리의 몸과 마음도 원래 건강한 상태로 되돌아간다.

싱잉볼 명상을 경험한 후

"명상은 어려워요." 아무리 쉽게 표현해도 어려움을 호소한다. 하지만 진동과 소리라는 매개체를 이용하면 누구나 쉽게 명상을 체험할 수 있다. 이것이 소리 명상을 찾는 이유이자, 진동의 힘인 것이다. 눈에 보이지도 않는 진동과 소리가 우리 몸에 영향을 끼치는 원리는 진동을 듣는 것만으로도 알파파와 세타파라는 뇌파를 증가시키는 현상으로 유도해 자동으로 명상 상태를 체험하게 만들어 삶에 큰 안정감을 주게 된다.

싱잉볼 명상 치유 효과

동양의학에서 질병은 에너지 불일치의 징후 즉, 세포 또는 장기 기관의 불균형에 서 비롯된다고 알려졌다. 모든 물질은 서로 다른 에너지를 진동시키기 때문에 다른 진동을 발생시켜 변경함으로써 물질의 구조를 바꿀 수 있다.

싱잉볼에 의해 생성된 음향 주파수는 필요한 신체 부위의 에너지 흐름을 복원해 고 최적화 한다. 몸의 에너지가 막히면 그곳에는 질병이나 장기기능이 잘 이루어지지 않아 병이 될 수 있다.

싱잉볼 치유는 에너지 흐름을 원활하게 해 주는 효과를 기대할 수 있다. 이는 못 든 진동이 온몸의 세포에 전달되기 때문에 세포를 깨우는 역할을 하기 때문이다. 싱잉볼 명상은 임산부의 태교에서부터 긴장 이완, 스트레스 해소, 불면증 완화, 통증 경감에 큰 효과가 있다.

특히 25년 이상 환자들을 치료한 게이나 웰니스Gaynor Wellness의 창립자이자 대표인 미첼 게이나 박사는 현대 의학에 영양, 소리, 음악 및 명상과 심상화 그리고 다른 이완 요법들을 추가해 전인적 치료법을 개발함으로써 수많은 암 환자들을 기적처럼 완치시켰다.

싱잉볼의 종류

싱잉볼을 고를 땐 여러 번 쳐보고 자신이 듣기 좋은 소리를 내는 것을 직관적으로 고르고, 나에게 맞는 싱잉볼이 내는 소리는 아주 부드럽고 편안한 세계로 나를 안 내할 것이다. 싱잉볼은 겉모습을 보고 경정하지 말고, 자신에게 주는 소리와 효과를 보고 결정해야 한다.

큰 싱잉볼은 강하고 깊은 진동이 있으며 작은 싱잉볼들은 높고 강렬한 소리를 낸다. 사람의 몸은 낮은 옥타브의 소리에 서로 다르게 반응하며 사람마다 선호하는 소리의 높낮이가 다르다. 살 때 개인의 자연치유용 도는 너무 작지 않은 대략 20~35cm 정도의 큰 싱잉볼을, 명상용으로 사용한다면 7~20cm 정도의 다소 작은 싱잉볼을 추천한다.

타토파티Thadobati 싱잉볼

볼에 장식이 없고, 5옥타브까지 연주할 수 있다하다. 두드리는 나무 막대mallet에 잘 반응하여 소리가 나는 것이 특징이다. 작은 것부터 중간 치수까지 있다.. 가장 오래 사용된 스타일이 뭐 가장 많이 사용되고 있는 타입이다.

b 잠바니^{Jambati} 싱잉볼

둥근 모양인데 입구 부분이 안쪽으로 살짝 말려있는 것이 특징이다. 표면에 망치로 두드린 자국이 있고, 보통 2~3올 타부 정도의 소리를 내며 나무막대^{mallet}를 사용했을 때 소리가 잘 난다. 싱잉볼 중에서 가장 크고 무거운 타입이다. 가격도 비싸다.

c 나가^{Naga} 싱잉볼

우리나라 전통 밥그릇처럼 볼에 받침대가 달렸고 소리가 잘 나지만 받침대에 소리가 방해받는 느낌이 들 수 있다. 작은 것부터 중간 치수까지 있으며 굉장히 독자적이다.

d 마니^{Mani} 싱잉볼

평평한 바닥에 입구가 안으로 살짝 말려있다. 3올 타부 소리를 낼 수 있으며 연주하기가 가장 쉽지만 다른 싱잉볼 보다 소 리가 높다. 치수는 작은 것부터 중간 치수가 있으며 마니 볼은 만들 라 싱잉볼이라는 이름으로 불린다.

이 외에도 연주하기 편하며 옴 음향 명상을 할 때 가장 선호되는 울타바티^{Ultabati} 싱잉볼이다. 연주하기가 쉬우므로 보통 입문용으로 많이 구매하는 마니퓨리^{Manipuri} 싱잉볼, 독특한 모양 때문에 연주하기가 어렵지만 독특한 음향을 만드는 링암^{Lingham} 싱잉볼, 부드럽고 얇은 벽에 우아한 커브로 세련된 외관의 리뮤나^{Remuna} 싱잉볼, 수정가루를 고온으로 눌러 붙여서 우유색을 띠고 투명한 볼로 손잡이가 달려있다. 1980년대 후반부터 대중화된 크리스털^{Crystal} 싱잉볼이 있다.

싱잉볼 사용법

싱잉볼은 나무막대(mallet, 스틱)와 한 세트로 구성된다. 스틱을 잡는 방법은 연필을 쥐듯이 잡고 스틱을 이용해서 싱잉볼을 문지르거나, 두드리거나 해서 소리를 낸다. 싱잉볼 사용법은 다양하다. 명상할 때, 스트레스로 몸이 굳었을 때, 어깨나 허리 위에 올려놓고 진동을 직접 느끼며 굳은 몸을 이완시키는 용도로 쓴다.

10 요가 명상

명상은 마음을 느긋하게 갖고 자신의 내면에 집중하는 것이다. 요가의 여덟 단계 중 일곱 번째 단계가 마음과 신체를 완전하게 수련하는 '라자 요가'이다. 이 명상은 의식의 상태를 일컫는 것으로 그 상태를 설명하기는 어렵다.

인도의 요가 명상의 경지에 있는 이들은 명상할 때의 마음 상태를 기름이 한 곳에서 다른 곳으로 아무런 장애물도 없이 흘러가는 상태에 비유한다. 즉, 움직임은 있지만, 일반적으로 사람들의 마음을 복잡하게 하는 여러 생각이나 욕망 등 그 무엇의 방해도 받지 않는 의식의 자연스러운 흐름을 뜻한다.

요가는 몸을 움직여 안 쓰던 근육을 자극하고, 깊고 고른 호흡을 통해 마음을 안 정 시키는 행위이다.. 이 움직임과 호흡을 통해 내적인 수행으로 들어가게 되는데, 모두 4단계로 진행된다.

요가 명상의 단계

a 감각제어 Prathyahara

감각기관에 의한 감정의 흐름을 제어하려는 것으로써 적을 위한 외부적인 느낌을 차단하고 내면의 세계로 전환하고, 감각기관과 신체 일부에 의식을 집중하는 방법을 취한다.

b 생각 고정 Dharana

가장 중심이 되는 부분을 찾아 깊이 파고들려고 하는 사고思考를 말하는 정신 집중이다. 사색의 대상을 줄이고 단순한 것에 정신을 집중한다. 생각을 고정을 통해 감각제어가 되고 이를 통해 생각 고정이 된다. 어떤 것을 대상으로 한다고 해도 그것의 전체와 순수성을 파악한다면 그것과 하나가 되는 순간을 경험하게 된다.

중심 이탈 Dyana

중심으로부터 떨어져 나가려는 원심적인 사고를 뜻하는 명상을 말한다. 어떤 대상에 몰입되어 있거나 자기 익시세계에 들어 있음을 의미하며 생각 고정으로 채택한 대상을 시간상으로 길게, 폭넓게 고찰하여 생각의 흐름을 확대하는 것이다.

그러나 중심 이탈 즉, 마음의 시야를 넓히는 것 때문에 하나의 대상에 대한 정신 집중이 약화하면 안 된다.. 생각 고정이 단일한 것에 집중되어있는 생각이라면 중심 이탈은 생각과 생각의 공백이다. 생각 고정이 수직이라면, 중심 이탈은 수평이고, 생각 고정이 구심적이면 중심 이탈은 원심적이며, 생각 고정이 좁혀지려는 것이라면 중심 이탈은 넓게 적용하려는 것이다.

삼매 三昧 Samadhi

타인과 구별되는 자기에 대한 의식인 자의식과 우주의식이 육체에서 행동과 생각이 완전히 하나가 되는 혼연일체가 되어 자기의 존재를 잊는 무아無我의 경지에 이르러 일체 마음속에 품은 생각, 상념想念이 없는 무념무상無念無想의 경지를 의미하며 말로 표현할 수 없는 자기만의 경험 세계이다.

요가와 집중명상

요가는 명상과 호흡, 스트레칭이 결합 된 운동이다. 그간 신체중심의 스포츠나 체조로서 인식됐던 종래의 요가 모습에서 탈피하여 집중을 통한 명상기법으로서의 요가의 본디 측면이 점점 더 주목받고 있다. 요가라는 말은 나에게 벗어나서 더욱 큰 진아(참나)로 하나가 된다는 의미가 있다.

이를 위해 요가에서는 집중명상을 매우 강조하고 있는데, 그동안 일반인들에게 친숙한 자세 위주의 요가는 집중을 위한 가장 초보적인 훈련에 속한다고 할 수 있다. 명상중심의 요가를 라자Raja 요가라고 하며 라자 요가에서는 8가지 요소를 명상에 깊이 들어가는 것을 체계적인 방법을 제시하고 있다. 여덟 개 요소 중 마지막 세 가지인 집중, 명상, 삼매를 내면적 요가라고 하고 이것이 요가 명상의 핵심을 이루고 있다.

나디쇼다나 연습

나디nadhi는 에너지의 흐름인 에너지의 통로이고, 쇼다마shodhana는 정화, 프라나야마pranayama는 호흡법이란 뜻이 있으며, 말 그대로 나디 쇼다나 프라나 야마는 자신 몸의 에너지 통로를 정화해주는 호흡법이다. 즉, 두 개의 콧구멍을 차례로 교차시키며 숨을 마시고 내쉬기에 '교호 호흡'이라고도 불리는 호흡이다.

나디 시스템은 수천 개의 주된 통로와 여기에 연결된 신경계들을 구성하고 있다. 자신의 내적 에너지는 자신의 신체와 마음을 지배한다. 핑갈라, 수슘나 나디'라고 불리는 세 개의 구성 요소가 우리 몸의 작용을 관장한다.

- 이다Ida – 이 따로 알려진 내적 에너지는 왼쪽 콧구멍에서 끝난다.
- 핑갈라pingala – 오른쪽 콧구멍에서 끝난다.
- 수슘나 나디sushumna – 척추 중앙을 따라 두개골 기저부까지 올라갔다가 양 콧구멍 사이의 코끝에서 끝난다.

이다와 핑갈라에서의 에너지 흐름이 대부분 균등하지 않다는 사실을 확인할 수 있다. 이는 자신의 콧구멍에서 뚜렷하게 확인할 수 있다. 이미 한쪽 콧구멍이 반대쪽보다 더 뚫려있음을 확인할 수 있을 것인데 이 콧구멍을 '능동적' 또는 '우세한 콧구멍'이라 부르며, 반대쪽은 '수동적' 콧구멍이라 부른다. 이러한 불균등함은 우리 의정서와 활동 단계에 미묘한 영향을 미친다.

채널 정화인 나디 쇼라고 나는 정화를 달성하기 위한 주요 수행법이다. 대체로 '콧구멍 호흡'이라고도 불리는 이 정화 수행은 한 번씩 한쪽 콧구멍으로 마시고 내쉬는 방식이다. 나이를 따라 에너지의 흐름을 여는 것 이외도 나디 쇼라고 나를 통해 신경계를 안정시키고 강화하며 자아 성찰을 갖게 한다. 명상을 위한 훌륭한 사전연습인 셈이다.

나디쇼다나의 방법

이 수행은 하루 4번을 기준으로 반복하는 것이 좋다. 방식은 보통 현재의 시간대에 따라 시작하는 콧구멍을 결정하는데, 밤에는 오른쪽, 오전에는 왼쪽이 쉽게 기억할 방법이다. 만약 낮에 수행한다면 '수동적'인 콧구멍을 통해 내쉬는 것부터 시작한다. 혹여 양쪽에서 호흡이 동등하게 흐른다면, 아무 쪽이나 택해서 시작하는데 이는 예상보다 매우 드물게 일어나는 현상이다.

* 막힌 코를 막아준다 › 반대편으로 마시고 막힌 코로 내쉰다 › 막힌 코 로마 신다 ·· › 반대편으로 내쉰다.

a 내쉬고 마시는 호흡을 오른쪽 왼쪽을 번갈아 가며 실시한다. 왼쪽 코로 마시고 왼쪽 코로 내쉰다. 왼쪽 코로 마시고 오른쪽 코로 내쉰다.

(왼쪽부터)는 오전과 낮에, (오른쪽부터)는 저녁에 먼저 시작하는 쪽으로 정한다.

b 내쉬고 마시는 호흡을 3번씩 한쪽 콧구멍을 통해 한 뒤 반대쪽으로 번 걸 아 가면서 실시한다. (왼쪽부터)는 오전과 낮에, (오른쪽부터)는 저녁에 시작하는 쪽으로 정한다. 마시고 코를 막지 않고 내쉬기를 3번 한다.

c 내쉬고 마시는 호흡을 한쪽 콧구멍을 통해 한 뒤 반대쪽으로 실시하고 오른쪽 왼쪽을 번갈아가며 실시한다. (오른쪽부터)는 저녁에 먼저 시작하는 쪽으로 정한다. 나디 쇼라고 나는 낮이 나 저녁의 시간대에 따라서 시작하는 쪽을 결정한 뒤 내쉬는 호흡을 함께 시 잘한다.

좀 더 세부적으로 나가면 활성화된 코로 시작하는 것이 좋다. 이렇게 하면 콧속 호흡의 흐름을 좀 더 민감하면서 깨어있게 느낄 수 있도록 도와줄 것이다.

나디쇼다나의 대상자

a 호흡이 불안정하다.
b 불면증이 있다.
c 식욕이 너무 과하게 당긴다.
d 체형이 불균형하다.
e 매사에 의욕이 없다.

나디쇼다나의 효과

a 어깨와 가슴 주변들의 이완
b 집중력과 몰입력을 통한 감정의 안정감(차분함)

- 안색(얼굴색)이 밝아짐
- 피부가 맑아짐
- 균형 잡힌 몸매

라자 요가 명상

라자 요가 명상은 청소년이나 성인, 누구나 경험할 수 있는 명상이다 이 명상법은 특정한 의식이나 신비한 능력의 단어인 만트라 없이 언제 어디서나 할 수 있다. 라 자요가 명상은 '눈을 뜨고' 명상을 하므로 하루 중 언제나 수련할 수 있으며, 단순하고 쉬운 명상법이다.

라자 요가는 고대 4대 요가 중 한 가지이다. 하자는 심신 훈련을 통해 해탈을 얻는 요가 방법으로 몸과 마음을 수행해야 한다. 지금의 다이어트를 위한 요가라고 일컬 어지고 있는 요가는 하타요가Hatha yoga로 라자 요가에서 나온 요가의 한 종류이다. 산스크리트에서의 하자는 '최고의 최고'를 의미한다. 즉 라자 요가는 '요가의 최고 중 최고'를 의미한다.

요가의 주된 네 가지의 요가에 모두 각기 접근하는 길이 다르고 그 나름대로 특성이 있으나 궁극적으로 목표는 선 또는 브라만과 합일이며, 삶의 통합성에 관하여 연구하는 것이다. 라자 요가는 몸과 마음의 에너지를 아사 나와 명상, 식이요법 등을 통해 초월적 에너지로 바꾸어 생각의 흐름을 통제하는 것이 주된 특징이다.

라자 요가 명상 경험 5단계

1 단계 이완

이완은 긴장과 스트레스를 내려놓고 몸과 마음을 차분히 고 평화롭게 만드는 것이다.

2 단계 집중

이완이 되고 나면, 집중을 통해 시간을 생산적으로 사용할 할 수 있다. 그리고 자신이 선택한 생각에 초점을 맞춘다.

3 단계 성찰

성찰은 나 자신과 나의 내면세계, 나의 가치관 등을 깊이 사색하는 것이다.

4단계 깨달음

깨달음은 자신의 이해와 느낌이 하나가 되어 더 심오하고, 의미 있는 내면의 현실을 경험하는 것이다.

5단계 명상

명상은 한 가지 생각에 초점을 맞추고, 나의 영원한 정체성을 성을 기억하면, 자기의 내면에서 행복과 경이로움으로 가득한 기억을 일깨우는 것이다.

요가 명상의 단계-마음 상태

요가 명상을 시작하면서 먼저 집중하는 능력이 생겨나야 비로소 명상할 수 있다. 집중하면 의지가 강해지고 고요함, 힘, 통찰력, 설득력 있는 화법, 다른 사람에게 긍정적인 영향을 줄 힘, 즐거운 마음, 듣기 좋은 목소리 등이 생겨나면서 자신의 마음을 잘 다스릴 수 있게 된다.

그리고 집중의 단계를 이해하려면 마음에서 나오는 파장이 어떻게 작용하는지를 살펴보아야 한다. 요가 명상에서는 사람의 마음에는 모두 다섯 가지의 마음의 단계가 있다고 설명한다.

a 무다 Mudha

무다의 상태에서 사람의 마음은 고통을 알아차리고, 고통을 만들어 낸다. 이 상태에서 사람들은 행복을 부정하고, 자신의 불행을 주위에 있는 다른 사람에게 투영한다. 창조적 에너지가 차단되고 갇힌 듯한 느낌이 들게 되며 지금보다 나은 존재가 될 수 있다는 가능성을 잊어버리게 된다.

b 크쉽타 Kshipta

크쉽타는 감정의 즐거움, 기쁨 및 고통, 노고, 불안함의 상태로 산만한 마음이 특징이다. 이 상태에서는 욕구 충족과 직접 관련이 있는 행동들을 통해 기쁨을 느끼기도 하고 고통을 느끼기도 한다. 기쁨과 고통이 모두 지나가고 나면 두려움과, 탐욕이 생기며, 이기적이고, 혼란스러우며, 마음이 안정되지 못한다.

c 비크쉽타 Vikshipta

이 상태에서는 사람들은 자신의 내면을 돌아보기 위해 노력한다. 의식적으로 마음의 가닥들을 모두 모아 한 곳에 집중시키려고 노력하게 된다. 이런 노력이 성공할 때도 있고 실패할 때도 있다. 밖으로 향하는 여러 생각의 파장들을 모으기 위해서는 많은 노력이 필요하지만, 성공하면 그에 따른 만족감이 크다.

d 에카그라타 Ekagrata

에카그라타 상태에서는 몰입하게 된다.. 일단 이 상태가 되면 더는 집중력을 모으기 위해 노력을 하지 않아도 된다. 단지 쾌락을 느낄 때보다 집중을 할 때 더 행복감이 찾아온다는 것을 깨닫게 된다. 에카그라타는 선과 행복에 대해 책임이 있는 본질, 현실, 의식, 순수함과 인식의 명확성에 해당하는 사트바 Satvic 의 마음 상태이다.

e 너루다 Niruddaha

너루다는 사트바의 상태로 마음이 더는 흐트러지지 않고, 최고조에 달하는 기쁨을 느낄 수 있다. 깊은 명상에 빠져들면 너루다를 경험할 수 있다. 사람들이 가장 쉽게 접할 수 있는 마음 상태는 '무다'의 상태로 마음이 침체한 상태에서 벗어나지 못하는 것을 의미한다.

또한, 마음이 이리저리 떠돌아다니며 집중이 어렵고 자신의 삶, 심지어 자기 자신에 대해서도 깊이 이해를 하지 못하는 상태를 '크쉽타'라 한다. 그러므로 자신이 집중하는 목적은 무다는 것과 크크 쉽다. 상태에 있는 마음을 비트 쉽다. 상태로 끌어올리는 것이다. 전체적인 정신 에너지를 하나의 사물에 집중시키는 방법을 배워야 한다.

* 어느 한 대상에 마음을 모으는 에카그라타를 성취하기 위해서는 다양한 예비 훈련들이 필요한데 요가의 여러 기술은 실제로 이를 위한 방법이라고 할 수 있다.

요가 명상과 신체 변화

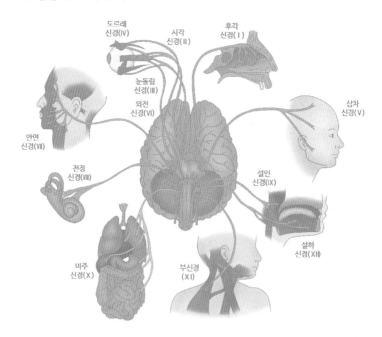

요가가 마음에 미치는 영향을 알기 위해서, 우선 '바이오피드백'에 대해 이해해야 하며 이는 우리의 신체 활동에 따라서 뇌가 변하는 것을 의미한다.

우리의 심장박동과 호흡수, 근육의 수축과 이완 등에 따라 우리의 신경계의 핵심 중 하나인 뇌, 목, 흉곽, 폐, 심장, 위, 복부 근육 등 여러 장기에 걸쳐 퍼져 있는 미주신경과 호르몬은 큰 변화를 겪게 되고 이는 우리의 감정을 조절한다.

요가의 종합 체계

a 야마 – 다섯 가지 도덕적 자세
b 니야마 – 다섯 가지 규범
c 아사나 – 요가 자세 수련
d 나야마 – 호흡 수련
e 프라티야하라 – 내면으로 향하기
f 다라나 – 집중하기
g 디야나 – 명상하기
h 사마디 – 참된 자기와의 합일

이상 8가지로 이루어진다. 그리고 요가가 지향하는 최종 목적지는 마지막의 사마디, 즉 참된 자기와의 합일이다. 이는 우리가 의식하든 못하든 가슴 깊은 곳에서 염원하는 소망이기도 하다.

한없는 자유와 순수한 사랑, 가장 깊은 평화와 인식이 거기에 있으므로 요가의 모든 체계는 함께 어우러져 그 소망을 이루도록 돕기 위한 것이다.

쉽게 접근하는 요가 방법

a 곧고 바른 자세

곧고 바른 자세는 우리의 에너지 레벨을 높이고 뇌의 반응을 긍정적으로 변화시킨다. 가슴을 앞으로 내밀고 턱을 높이 들면 결단력이 생기고 긍정적 생각을 할 수 있게 된다. 또한, 스트레스 호르몬인 코티솔을 감소시키는 효과도 있다.

b 천천히 깊게 호흡하기

호흡은 우리 몸의 가장 중요한 기능이며 '미주신경'을 타고 뇌의 영향을 준다. 미주신경이 보내는 신호로 부교감 신경계에 전달되어 이완과 휴식을 자신에게 주게 된다.

그런데 불안하고 우울한 상태에서는 호흡을 천천히 깊게 하지만 꽤 어렵다. 요가를 통해서 이것이 습관이 되고 훈련되어 고정화 된다면 우리는 무의식적인 호흡만으로도 우울감을 개선해 나갈 수 있다.

◯ 근육 이완과 수축

스트레칭은 근육의 긴장을 풀고 엔도르핀과 뇌에서 반응하는 스트레스
반응을 조절하는 앤도가나비노이드 즉, 운동하거나 운동을 하고 나서
활력이 넘치고 생각도 긍정적으로 변하는 것을 자극시켜 쾌감, 긍정적
인 감정으로 통증을 이겨낼 힘을 준다.

어려운 요가 자세를 따라 하기 힘들지 않을까 걱정이 들지만 팔과 다
리를 쭉 뻗을 것, 목을 곧추세우고 뒤로 젖히는 것, 가슴과 어깨를 펴는
것만은 고도 좋은 스트레칭의 시작이다. 물론 활 자세나 코브라 자세,
고양이 자세 처럼 더 세분되고 정형화된 자세를 취하면 효과는 높아지
지만 요가의 자세 중에는 마사지 효과를 낼 수 있는 자세들도 있다.

고무 소재로 원통 모양으로 만든 가볍고 충격 흡수력이 뛰어나서 근
육을 풀어주는 운동 용품, 스트레치 폴Stretch Pole이라고도 부르는 폼롤

러Foam Roller를 사용하여 그 위에 눕거나 기대거나 근육 위로 세게 굴리며 문지르기만 해도 세로토닌과 도파민 분비를 촉진 시켜 불안과 스트레스를 감소시켜준다.

현대 요가의 정리

요가의 종류를 다시 간편하게 정리해 보면 소리의 힘을 이용하여 심신을 정화하는 '만트라 요가', 사회봉사와 참여를 중시하는 '가르마 요가', 명상을 해서 마음의 평온을 찾는 '라자 요가', 그리고 체위 법과 자세, 호흡법에 관해 알려주는 '하하나 요가' 등이 있다.

현대의 요가 수련이 많은 조언과 지도가 필요아사나(요가 자세 수련) 중심으로 이뤄지며, 다시 프라나야마의 내적 세계로 나왔다. 이는 자신을 남은 길을 데려다줄 기술 -내면으로 마음 돌리기, 집중, 명상-을 개발하기 시작한다. 바닥에 누워 프라나야마를 수련하면서 자신의 요동치는 마음과 그 아래에 있는 영원한 고요함을 알아차린다.

인양 요가는 뭔가?

자신의 몸의 음양 중량의 조직인 근육의 강화와 음의 조직인 관절, 인대, 근막의 강화를 두루 아우르는 요가이다. 때로는 고요하게 머무르고, 때로는 부드럽게 흘러가면서 근육의 힘을 놓아보기도 하고 채워보기도 하며 보다 균형감 있는 문과 마음을 만들어갈 수 있다.

a 인양 요가(골반)와 호흡명상

우리는 모두 각자의 몸으로 태어났다. 모르고 지냈던, 타고난 골반의 각도에 대해 알아보고 동작에 내 몸을 맞추는 것이 아닌 내 몸에 동작을 맞춰보는 인양 요가를 통해 편안한 골반의 상태를 만드는 것이다. 호흡을 주시하며 명상하는 동안 몸도 마음도 지금 현재에 온전하게 존재하게 되고 그러한 현재의 순간은 자신을 고요한 상태로 이끌게 된다.

인양 요가(척추)와 네티네티 명상

na iti('이것은 아니다')로 이루어져 있다. 초월적 참자 아예 대한 긍정직 표현을 갈구하는 호기심 많은 제자에게 응답하는 널리 알려진 우파니샤드 식 대답이다. 참 실제에 대해 말할 수 있는 것은 무엇이든지 궁극적 진리가 아니다. 표현들은 모든 정신적 생각을 초월하는 그것을 가리키는 지시어들일 뿐이다.

척추의 곡선이 건강하게 타고난 그대로의 형태를 회복되면 깊은숨을 쉴 수 있게 되고, 몸속의 장기들 역시 편안한 숨 안에서 적절하게 기능하게 된다. 긴장을 덜어내고 그 자리에 적당한 힘을 채워서 좋은 곡선의 유지하는 시간을 가진다. '지금의 나는 지금 떠오르는 그것이 아니다.'라고 되뇌는 부정명상은 그래서 결국 나는 어디에서 어떻게 존재하고 있는지를 알게 하고, 떠오르는 것 너머의 세계로 이끌어 준다.

인양 요가(어깨)와 나디쇼다나 명상

평소의 움직임들이 몸에 담겨서 어떤 불편함을 만들어 낸다. 지금의 상태에 대한 인지를 통해 그동안 부족했던 움직임을 이해하고, 필요한 동작을 몸에 선물하면 더욱 건강한 어깨와 목 상태가 된다. 부드러운 어깨에 대한 감각은 더욱 열린 숨의 길로 자신을 인도하게 된다. 음과 양의 조화를 만드는 나디 소다나 호흡을 통해 적절한 고요를 경험한다.

d 인양 요가와 위빠사나 명상

깊은숨을 쉬면서 척추를 비트는 행위는 몸에 남겨진 독소를 배출하는 효과가 있다.

11 자비 명상

명상을 시작하면서 따스하고 훈훈한 미소를 마중물로 하여 몸도 마음에 이미 내재하여 있는 사랑과 연민을 가슴 중심을 통해서 온전히 드러나도록 하여 일상의 삶 속에서 자비를 체화하여 나누도록 하는 명상체험이다. 이는 마음의 분노가 솟구칠 때나 오랫동안 잊히지 않는 분노의 찌꺼기가 남아 있을 때 도움을 받을 수 있다.

* 화가 나면 어떻게 해야 하나?
a 화를 무조건 참거나 억누르면 더 큰 스트레스가 된다.
b 자비 명상은 상대를 위함이 아닌 온전한 나를 위한 것이다.
c 따뜻하고 자비로운 문구를 반복해서 속으로 되네 인다.
d 명상 문구를 통해 명상 대상이 행복해지는 모습을 볼 수 있다.
e 명상을 매 일 자주 하다 보면 화가 나 있는 자신을 객관화시켜서 볼 힘을 기를 수 있게 된다.
f 자신에게 친절하면서도 타인에게 이해와 자비한 마음을 갖게 된다.

* 나~ > 존경하는 분~ > 가족. 가까운 분 > 싫어하는 분> 순서로 자비로운 마음을 내는 명상을 한다.

인간관계의 자비 명상

마음 챙김은 의심할 여지 없이 일정한 헤드 스페이스를 얻고 삶의 변화를 일으키도록 돕는다. 우리는 자신이 원하든 아니든 사람들과 함께 살아가야 한다. 마음 챙김을 수련하며 날마다 명상을 해서 마음이 한결 더 고요하고 온화해진다면 당신은 다른 사람들과 더욱 긍정적으로 상호작용하게 된다.

그런데 마음 수련인 명상을 하면서 이러한 현상을 도외시된 측면이 있다. 명상이 서양으로 전해지면서 명상은 오직 나 자신에 관한 한정된 일의 문제를 완화, 해결하는 것으로 변모했다.

지금의 명상은 개인의 문제 못지않게 남과 함께 공존하면서 이타적인 마음훈련법으로의 의도를 갖는 것이 중요하다.

다른 사람이 처한 곤경을 떠올리며 슬퍼하거나 분노할 수도 있다. 하지만 이는 자신의 문제를 놓고 고민할 때와는 사뭇 다르게 느껴진다. 관점이 바뀌었기 때문이다. 마음 수련 명상에서는 이 점도 중요하다.

자신의 걱정에서 조금 시선을 돌려남의 행복에 조금 더 초점을 맞춤으로써 당신은 오히려 자신을 위한 헤드 스페이스를 더 창출할 수 있다. 이뿐만 아니라 그렇게 하면 자신의 마음은 더욱 온화해져서 조종하기가 더 쉬워진다.

그러면 명상의 만족감에 더 빨리 이룰 수 있으며, 여러 생각에 주의가 쉽게 흩트려 지지 않고 마음이 더욱 명확해지고 안정적이게 되어 사소한 감정에 휘둘리지 않는다.

자비 명상은 이타적인 마음에 초점을 맞추어 명상하는 것이다. 그러한 명상에는 단순히 옳은 일을 한다는 것 이상의 훨씬 더 많은 의미가 담긴다. 그러면 자신의 인간관계에 매우 큰 변화를 마치고 있다는 사실을 인식할 것이다. 모든 것과 모든 사람을 더욱 명확하게 자각하게 되면 자신은 타인을 더욱 분명하게 알아차릴 수밖에 없다.

위스콘신대학의 리처드슨은 장기간의 자애 명상은 주로 부정적 정서 경험과 관련이 있는 자신의 좌측 전전두엽 중심의 활동을 주로 긍정적 정서 경험과 관련이 있는 우측 전전두엽 중심의 활동으로 바꾸어 놓는다는 연구 결과를 발표한 적이 있다.

12 관상 명상

특정 이미지를 상상하면서 하는 명상이다. 좋은 상상을 하며 마치 그 경험을 한 것 같은 느낌을 주어 스트레스나 불안감이 사라지며 행복감의 증대와 평온감을 많이 느끼게 된다. 이 명상은 특히 임산부를 위한 태교 명상에 큰 도움이 된다.

13 초월 명상

초월명상은 특정 단어를 조용히 염송하며 하는 명상이다. 1960년대 인도의 마하리지 요기가 서양인들 취향에 맞는 쉬운 명상법을 보급하기 위해 만들었다.

a 매일 두 차례 조용한 장소에서 15분 정도 진행한다.

b 가부좌를 하거나 발바닥을 땅바닥에 댄 편안한 자세를 취한다. 이때
  는 드러눕는 것은 좋지 않다.

c 약 1분간 눈을 감고 편안하고 자연스럽게 숨을 쉰다.

d 잡생각을 버리고 정신을 집중시키기 위해 '오~옴' 돠 같은 특별한 의미
  가 없는 소리를 반복해서 읊는다. 이것을 '만트라'라고 한다. 이때 마
  치 마음이 호흡을 따라 몸속을 들어갔다 나왔다 하는 듯 호흡에 정
  신을 집중시킨다.

14 식물 명상

식물명상은 스스로 독소제거 즉, 자신의 몸에 있는 독소를 빼주는 명상
이다. 독소는 혈관과 각종 장기를 손상할 뿐 아니라, 만성피로증후군, 과

민성장증후군, 아토피피부염 등 각종 다양한 질환을 유발할 수 있다. 그러나 체내 독소를 효과적으로 제거할 수 있는 자작독소제거 중 하나가 식물 명상이다.

명상 중에 중요하다고 알려진 '알아차림self awareness'이 얼마나 힘든 것인지, 어떻게 해야 하는지의 어려운 과정을 좀 더 쉽게 하려고 '식물'의 힘을 빌려서 명상을 해 본다.

식물 명상은 다양한 인센스의 향, 팔로산토, 싱잉볼 등과 함께 다양한 오감 체험을 제공하며 허브 티와 향유를 통해 가장 편안한 자신의 상태를 경험하게 한다.

식물 명상의 체험

a 메디테이션Meditation

명상에 대한 오해와 진실을 이야기하고 외부에서 자신의 내면으로 들어가는 과정을 경험한다.

b 마인드풀니스 가드닝Mindfulness Gardening

마음mind+충만함fulness에 정원을 가꾸는 일련의 모든 행동을 일컫는 가드닝(gardening)으로 자신의 내면의 소리에 집중하며 가드닝을 진행한다.

c 이모션 디톡스Emotion Detox

몸이 기억하고 있는 상처는 몸으로 치유된다. 체내에 쌓인 독소를 배출하면서 몸의 기초 정돈을 식물을 통해 자신의 알아차림의 과정에 집중하며 감정 그리기를 통해 자신만의 명상을 만들어 간다.

차 명상이란? 찻잔 속에서 나를 발견하는 것, 그것이 차 명상이다. 차 한 잔은 스트레스와 불안감 완화에 효과적이다. 영국의 한 연구에 따르면 아침에 마시는 따뜻한 차가 피부 온도를 높이고 혈류를 개선해 스트레스 완화에 도움을 준다고 전했다.

특히 차 생활의 정서적 기능과 찻잎이 담고 있는 약리적 효과를 두루 누릴 수 있는 명상법으로 현대인들에게 효과적 명상법으로 꼽히고 있다. 차를 마신다는 것은 차의 빛과 향기, 맛을 알아차리는 과정으로 이는 자연스럽게 일상생활과 연결되면서 삶이 온전히 깨어있을 수 있도록 도와준다.

차 명상을 통해 뇌구조를 안정시키고 마음도 정화시키면, 차의 효과가 두 배가 된다. 차를 마시는 10여 분 정도만 마음을 내려놓으면 한결 가벼움을 느낄 수 있다. 차 명상은 복잡한 사회 생활에 지친 현대인들에게 가장 가깝고 편안한 휴식처이자 치유처가 될 수 있다.

a 찻자리에 필요한 찻잔 세트, 차잎, 맑은 물 등을 준비한다.

b 찻자리 앞에 편하게 앉아 등을 곧게 펴고 손을 무릎 위에 올린다.

c 호흡은 단전부터 자연스럽게 숨을 들이마시고 내쉬기를 몇 차례 한다.

d 자신이 준비가 되었다고 생각되면 전기보트에 물을 끓이기 시작한다.

e 물이 끓을 동안 눈을 지그시 감고주변 소리에 온전히 집중한다.

f 끓는 소리부터 소음까지 그저 집중해서 천천히 듣는 것이 명상의 핵심이다.

g 잡념이 떠오르면 다시 들려오는 소리에 집중한다.

h 물이 모두 끓고 명상이 끝나면 차를 우린다.

아침 차 마시기의 효과

a 스트레스, 불안, 긴장을 완화시켜 준다.

b 밤새 잠들어 있던 내장기관 깨워준다.

c 자신의 머릿속이 가벼워져 정보/데이터들을 정리하는데 도움이 된다.

d 체내 독소와 노폐물 배출로 다양한 통증을 완화시켜준다..

e 소화 기능을 촉진시켜 변비에 효과가 있다.

f 신진대사를 40% 증가시켜 체중 감량에 도움을 준다.

16 색채 명상

색채 명상은 살아있는 생명체에 활력을 주고 에너지를 자극한다. 다른 색에 비해서 원초적인 에너지를 지니고 있다. 붉은색은 뜨거운 컬러처럼 우리의 경험과 기억에 의해 열정, 분노, 탐욕 등을 연상하게 한다.

색채 명상 중 붉은 색은 힘이 생기고 때로는 강하게 만들어주는 특징이 있으며, 에너지가 필요할 때 자신을 도와줄 것이다. 붉은 색 명상 훈련을 정기적으로 활용하면 몸을 덥게 만들고 내적인 에너지를 자극하는데에 큰 도움이 될 것이다.

주황색은 따스한 빛을 연상시키며 열정적이고 자연스럽고 충동적인 활기를 얻을 수 있다. 삶에 대한 긍정적인 태도를 가지며 행복한 느낌을 준다. 만약 자신이 생활 속에서 장벽이 생겼을 경우 오렌지 컬러를 생각하면 자기 자신 안에서 열정을 발견하게 될 것이다.

새로운 아이디어를 얻고 싶을 때나 자신의 생각을 명확하게 찾고 싶을 때 노란색이 바로 큰 결정을 내리는 데 도움을 줄 것이다. 언제 자신이 큰 결정에 직면한다고 생각하는데 있어서의 투명성을 구한다면 노란색에 의지하고, 가능할 때마다 햇살에 몸을 맡기고 앉아서 황금빛의 노란 광선을 흡수하는 것도 좋은 방법이다.

하늘을 의미하는 파란색은 자신을 차분하고 평화로움을 느끼게 만들어 불면증이나 불안감을 해소시키며 편안한 자신감을 준다. 블루칼라는 명상에서 자신을 조용하고 평화롭게 느끼도록 도와 줄 것이다.

파란색과 붉은 색이 합쳐져서 만들어진 보라색은 품위, 고상함, 자존심을 나타낸다. 투명하면서도 밝으며 무지개 빛의 마지막 컬러로, 정신의 감도를 제안한다.

컬러 테라피

컬러 테라피는 색을 이용해 사람의 마음을 치료하는 기법으로 상담을 통해 심리 상태에 맞는 색깔을 찾고, 일상생활에서 그 색깔을 자주 접하게 해 심리적 안정감을 얻게 한다. 다시 말하면 컬러 테라피는 색을 통해 '나'를 점검하는 것이다.

컬러테라피 중에 '색체 호흡'이라는 것이 있다. 한가지 색에 집중하면서 명상을 하는 것이다. 스트레스 해소에는 녹색, 우울감 해소에는 빨강. 주황. 노랑 등 따뜻한 색, 다이어트에는 파랑. 보라색, 불면증에는 남색. 보라색이 관장된다. 이렇게 색을 이용하는 컬러테라피는 신체 면역력을 증진시켜 류마티스 관절염, 암, 당뇨병 같은   만성질환에 도움을 준다.

　색채 자극은 시신경을 통해 대뇌에 전달돼 성장조직으로 연결되므로 필요에 따라 색깔을 선별해 사용하면 생기, 휴식, 진정의 효과를 볼 수 있다. 그리고 색채를 통해 내가 지금 어떤 상태고, 무엇을 원하는지 들여다봄으로써 흐트러진 마음의 밸런스를 찾을 수 있는 것이다.

차크라 색채 명상

색을 통해 탐색하는 자신과의 만남, 바로 차크라를 활용한 것이다. 차크라에 대한 색의 접근은 단지 색상이 가지는 색의 성질뿐만 아니라 색과

연결되는 인간 신체의 부위도 함께 바라보게 된다.

고대 인도에서는 사람의 몸에는 에너지의 흐름이 있고 이는 색을 띄고 있어 이 순환이 원활하게 이루어져야 마음과 몸이 건강할 수 있다고 믿었다. 지금도 인도에서는 민간 의료 기관에서는 일곱 가지 색의 차크라를 이용해서 대체 요법으로서 의료적 치료를 하고도 있다

2020년 연구에서 자기실현에 대한 경험은 차크라 색채명상과 색채작업으로 진행했는데, 이를 통해 나의 몸과 정서를 만나는 과정 속에서 현재에 대한 수용과 미래에 대한 창조적 삶의 의미를 확인하게 되었다. 차크라 색채명상에 대한 직관적인 체험을 통하여 자기실현에 한 걸음 더 다가갈 수 있을 것이다.

색채 명상의 방법

a 척추를 곧게 세우고 어깨는 아래로 편안하게 내린 뒤 가부좌 자세를 취한다.

b 한가지 색에 집중하면서 폐와 횡경막이 충분히 확장되도록 가슴을 편 후 5초간 천천히 코로 숨을 깊이 들이마시고, 2초간 멈춘 후에 5초간 천천히 내뱉는다.

c 그리고 나서 자신이 좋아하는 색부터 시작하는 것이 좋다. 컬러테라피에서는 에너지가 부족하면 빨강을 누군가를 사랑하고 싶다면 노랑이나 주황을 권한다

* 이런 호흡법은 집중력을 높이고 마음을 안정시켜주는 역할을 한다. 색은 감정과 관계가 있다. 특히 옷 색상에서도 그들의 현재 마음과 상황을 느낄 수 있다

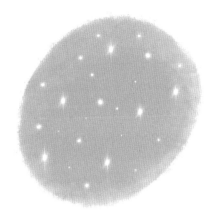

태양보다 높게 떠 있는 별빛 명상을 함으로 고통과 시간관념이 사라져 슬픔을 잊게 된다. 깜깜한 밤하늘에는 깊이를 알 수 없는 어둠과 그 속에 반짝이는 별들이 보석 처럼 박혀 있다. 그 별무리에 집중을 하다 보면 낮에는 느끼지 못했던 감각들이 살아나는 것을 느낄 수 있다.

자신의 몸 안을 가득 채우는 호흡이 느껴지고, 세포 하나하나가 열리는 듯한 활력을 느낄 수 있다. 오늘 밤 일상을 잠시 내려놓고 하늘을 올려다보면, 치열했던 하루는 이미 과거의 일일 뿐, 잠시 내려놓고 현재의 자신에게만 집중해 본다.

앉거나 누운 채로 별빛을 바라다보면서 아름다운 밤하늘을 눈에 담아보자. 그렇게 원거리를 바라만 봐도 지구의 힐링에너지를 전달받을 수 있다. 또한 머리 위에 있는 백화인 천문   에 촛불을 놓고 떨어뜨리지 않게 그 느낌을 집중하는 천문 명상도 있다.

태양이 아침이면 동쪽에서 떠올라 저녁이면 서쪽으로 지는 것이 아니라 태양을 중심으로 지구가 날마다 돌고 돌아서 해맞이하고 있을 뿐이라 해돋이가 아니다. 밝을 정晶자를 보면 날日마다 햇빛 보고 있지만 두 개가 모이면 창성할 창(昌)이다. 세 개가 모이면 구조가 단단함으로 밝게 빛나는 모양인 정晶으로 결정체가 된다. 별빛 명상하고 마음이 닿아 가면 재미가 차차로 나와 비로소 행복해진다.

밤하늘에는 어린 시절의 아름다운 이야기가 주렁주렁 담겨 있다. 이렇듯 별 이름을 우리말로 부르는 것들 중에 해가 진 뒤 서쪽 하늘에 반짝이는 별, 금성으로 개밥을 줄 때쯤 뜬다고 해서 붙여진 이름이 '개밥바라기'라 부른다.

천랑성天狼星은 큰 개 자리의 시리우스 별이다. 북두칠성 아래 '카시오페아' 자리를 모양이 닻을 닮았다고 '닻별'이다. 그리고 떨어지는 유성은 '별똥별'이라 부른다. 새벽에 뜨면 샛별, 저녁에 뜨면 개밥바라기별이라 부른다. 또 남북으로 강물처럼 흐르는 별의 군집을 '은하수'라 부르고 제주도에서는 '미리내'라 부른다.

어둠은 별을 낳고 별은 명상을 낳는다. 무수한 별자리들은 암흑 속에서 제 몸을 태워 존재를 증명하고, 빛은 수억 광년 거리를 쉬지 않고 달려온다. 그리하여 티끌만 한 내 존재에 관한 명상의 불을 댕긴다.

부록

스타와 명상

- 타이거 우즈
- 마이클 조던
- 오프라 윈프리
- 유발 하라리
- 빌 게이츠
- 스티브 잡스
- 아인슈타인

골프 황제 타이거 우즈의
재기와 불교

본인을 둘러싼 인종 관련 이야기를 정지시키는 셧다운Shudown을 한 타이거 우즈의 어머니 쿨티다는 중국계와 백인 혼혈인 태국인이다. 그녀는 독실한 불교도였으며, 타이거 우즈에게 어릴 때부터 불교를 가르쳤다. 우즈는 "골프게임에 필요한 집중력을 키우는데 어머니에게 배웠던 명상과 불교적 가르침이 큰 도움이 됐다고" 한 언론과의 인터뷰에서 밝힌 적이 있다.

　타이거 우즈의 아버지 '얼 우즈'도 아들과의 인생사나 교육, 철학에서 여러 일화를 남겼다. 일단 얼 우즈는 보통의 스포츠맨 아버지들처럼 아들의 성공에 대리만족하면서 살아가는 사람이 아니었다. 그는 캔자스주의 첫 흑인 야구선수였으며, 베트남 전쟁 때는 특전사인 그린베레의 일원으로 게릴라 특수작전에 참여했다. 그리고 그때 만나 자신의 생명을 구해준 남베트남군 중령 Vuong Dang 'Tiger' Phdng 을 기리기 위해 자신의 아들에게 '타이거(Tiger)'라는 이름을 붙여 주었다.

얼 우즈가 아들 우즈에게 들려준 이야기 몇 가지를 소개하면, '한번 실수에 집착하다 보면 계속 반복하지만, 실수를 인정하면 그것을 통해 배우고 성장한다. 너는 어느 쪽을 택하겠니?', '불평은 사람을 부정적이고 우울하며 유치하게 만들 뿐이다. 그런 자세는 주변 사람들 사기까지 떨어뜨리게 될 것이다.' , '친구 배낭에 재미있는 문구 붙이기, 할아버지께 예고 없이 전화하기, 몰래 집안일을 도와 부모님 일손 덜어드리기, 노숙자 보호소를 찾아 오후 시간을 보내기, 입원한 어린이들과 놀아주기... 이런 일들을 종종 하거라, 네게 큰 기쁨이 넘칠 것이다.'

이러한 가르침의 핵심은 타이거에게 '진실로 나오는 힘'을 이끌어내라고 가르쳤다. "이러한 힘을 끌어낼 수 있어야 자신이 생각하기에 가치 있는 인생을 살 수 있으니까요." 타이거는 "자신에게 진실해지기 위해 늘 최선을 다합니다."라고 말했다.

2006년 74세를 일기로 사망한 아버지에 대해 우즈는 자신의 홈페이지에 다음의 글을 올렸다. "아버지는 나의 가장 친한 친구이자 가장 훌륭한 롤(role) 모델이었다. 아버지가 많이 그리울 것이다. 당신은 훌륭한 아버지이자 코치였고, 멘토이자 친구였다. 당신이 없었다면 오늘의 나는 없었을 것이다."

필드에 들어서면 내적인 평화 느낀다는 타이거 우즈. '중요한 경기 중에도 어떻게 감정을 철저하게 다스릴 수 있느냐'는 질문에 우즈는 "어린 시절부터 어머니께서 명상법을 가르쳐 주셨다. 그래서 명상을 통해서 내면의 평화와 평정심을 취하는 방법을 배웠다."고 하면서 "내가 그토록 높은 집중력을 발휘하고 심리적으로 안정된 이유는 그때

배운 명상 때문인 것 같다. 특별히 명상을 생각지 않아도 매일 명상을 하는 셈이다"라고 대답했다. 이어 그는 "불교를 좋아하는 이유는 삶과 생활 전체를 아우르는 지혜의 방법이 불교안에 있기 때문"이라고 밝혔다.

타이거의 어머니 티다 우즈는 1997년 월간지 '방콕 포스트'와의 인터뷰에서 "우즈는 샷이 아주 잘못되면 크게 화를 내기도 하지만 곧 그것을 떨쳐버리고 평정심을 되찾는다"고 말했다. 티다 우즈는 타이거가 태어난 뒤에 매년 다가오는 생일 때마다 캘리니아에 있는 절에 가서 공양물을 올리고 스님들께 인사를 드리고 있다. '타이거 우즈와 불교' 2006년 2월 국내에서 출간돼 화제를 불러일으킨 <타이거 우즈의 성공철학>(북앤북스 간)에는 '불교가 오늘의 우즈를 있게 해준 스승이자 필드 동반자임을 잘 설명하고 있다.

타이거 우즈를 많은 이들은 '골프황제 골프의 신'이라 일컫는다. 흔히들 골프는 타이거 우즈 이전과 이후로 나뉜다고 말한다. 그는 그가 출전한 대회의 25%를 우승했으니 황제라 부를 만한 것이다. 그리고 그는 현역운동선수 중 가장 돈을 많이 번 선수이다. 세계 재산가들을 발표하는 포브스 잡지에 의하면 그의 재산은 7억 4천만 달러(한화 7천9백억)이다. 이 금액은 은퇴선수를 포함해도 그를 능가하는 인물은 마이클 조던 정도이다. 그는 골프라는 운동에 방향을 제시한 선구자였다.

우즈는 어릴 때부터 부모님의 가르침을 통해서 영화 <스타워즈>에 나오는 '제다이 기사'들의 포스와 같은 내면의 힘이 있음을 자각하면, 그 힘을 지키고 이용하는 능력을 키워갔다고 한다. 미국 CBS 골프 해설가 데이비드 페허티는 '우즈를 보면 영화 <터미네이트>에 나오는 인조인간이 연상될 정도'라면서 "가끔 내 예측이 완전 빗나가서 망신을 당해 직장을 그만둘 뻔한 적도 있었다"고 말했다.

그러나 그런 골프황제가 한순간에 추락했다. 우즈의 추락이 시작된 것은 2009년 11월. 한 잡지에 보도된 우즈의 불륜설이 계기가 된다. 급기야 우즈는 무제한 골프 중단을 선언하면서, 한 인터뷰에서 다음과 같이 밝혔다. "나는 내가 원하는 일이라면 뭐든지 해도 된다고 생각했다. 나는 인생 내내 지나치게 열심히 일했고, 내 주변의 모든 유혹을 받아들여 즐겨도 될 자격이 있다고 생각했다. 나는 그럴 자격이 있다고 생각했던 것이다. 돈과 명예 덕분에, 모든 것들은 내 주변에 항상 있었다. 그러나 이 모든 건 틀린 생각이었다. 나는 어리석었다."라고 고백했다.

결국 아내와 이혼하고 거액의 위자료를 내놓아야만 했다. 추락은 거기서 끝나지 않았다. 골프는 '멘탈의 스포츠'라 하는데, 그의 멘탈 붕괴는 몸도 망가뜨렸다. 허리부상이 찾아왔고, 무릎부상이 덮쳤다. 약물중독이 그를 나락으로 빠뜨렸다. 기약 없는 재활훈련은 그를 지치게 했다. 많은 이들이 '그의 시대는 갔다'고 말했다.

그러나 10여 년에 걸친 오랜 침묵의 터널을 지나 마침내 일어서게 된다. 미국 프로골프 PGA 투어의 메이지 대회인 마스터스에서 무려 14년 만에 우승하면서 그는 다시 황제의 자리를 되찾았다.

우즈의 눈물겨운 재기가 있기까지에는 독실한 불자 어머니 쿨티다가 있었다. 그녀는 성공에 취해 절제하지 못하는 아들 우즈에게 "욕망은 불행을 낳는다"는 불교의 가르침을 심어 주면서, 깊은 연민의 마음과 자비심으로 아들을 감싸 안았다. 불심을 바탕으로 욕망을 다스리고 마음의 평화를 되찾은 우즈는 마침내 골프황제의 명성을 되찾을 수 있었다.

　타이거 우즈는 그의 뒤늦은 참회에 대해 시카고 선 타임즈 등 미국 언론에 실린 기사에서 "단순히 불교의 가르침으로 되돌아가겠다는 약속만으로 부족하다. 용서는 기적처럼 이뤄지는 것이 아니고, 기도해서 얻어지는 것도 아니다. 스스로 만든 결과를 바꾸기 위해 스스로가 노력해야 할 것"이라 했다. 그러한 우즈는 바쁜 일상에서도 불교 신자임을 잊지 않으려고 노력했으며, 부처님 말씀은 정신적 충격과 스트레스로부터 보호해 주고 삶에서 어떤 생각과 자세를 취해야 하는지 잘 설명해주고 있다고도 했다. 이를 다시 간추려 보면 골프황제 타이거 우즈의 성공 사례를 통해 '불교는 누구의 구원이나 도움을 받는 것이 아니라 스스로의 노력과 힘으로 우뚝 서야 하는 종교'라는 사실을 다시 한번 알게 된다.

돈

명예

나는 내가 원하는 일이라면
뭐든지 해도 된다고 생각했다

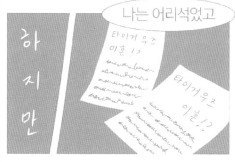

나는 어리석었고

하지만

이 모든건 틀린 생각이었다

약물중독

목 부상

허리 부상

그렇게 점점 지쳐가고 있었다.

우즈야

지나친 욕망은

불행을 낳는단다.

135

농구 황제 마이클 조던,
'경쟁, 이기심을 버리고 명상하라'

거인의 체구에 검은빛 피부, 마이클 조던이 가부좌를 틀고 명상(참선)을 한다!! 무슨 일일까? 너무나 신기한 일이 아닐 수 없다. 1963년 뉴욕 브루클린에서 태어난 마이클 조던은 형 래리 조던의 반만큼만 농구를 잘하고 싶어했다. 그래서 그의 등번호를 래리 조의 등번호 45번의 절반인 23번으로 하였다고 한다. 조던은 미국 노스캐롤라이나 대학교 채플 힐 문화지리학과에 입학하였다. 그 과를 선택한 이유가 앞으로의 프로 생활을 하는데 있어서 원정하는 도시에 대해 알고 싶다는 것이었다.

1984년 1라운드 3번째로 시카고 불스Chicago Bulls에 지명된다. 데뷔 첫해 NBA코트를 강타한 마이클 조던은 프로 데뷔 경기인 워싱턴 위저즈와의 경기에서 자유투 이외 슛을 성공시킨 비율인, 야투율이 저조한 16득점에 그친다. 하지만 이후 완벽하게 적응하여 시즌 평균 28.7점이라는 엄청난 득점력을 선보이며 신인왕을 차지하게 되었으나, 발목 부상으로 22경기 출전에 그치는 등 슬럼프에 빠지게 된다. 그해 PO에서 엄청난 활약을 보이며, 팬들 사이에 확실히 각인시키게 되는데, 당시즌 PO에서 당대 최강인 보스턴 셀틱스와 맞붙은 시카고 불스는 객관적 열세에도 불구하고 조던의 대활약으로 선전하게 된다. 그 뒤 87년부터 득점왕을 차지하기 시작한 조던은 80년대 그 누구도 막을 수 없는 득점포를 선보이며 80년대 내내 득점왕을 차지하지만 그를 받쳐줄 만한 유능한 동료 선수의 부재로 팀을 우승으로 이끌지는 못했다.

1993년 8월 마이클 조던의 아버지가 강도의 총에 맞아 갑작스러운 죽음을 맞이하는 사건이 일어난다. 그리고 범인들이 검거된 후 그들의 범행 동기가 공개되는데, 그들은 마이클 조던의 광팬 있었고, '조던 시리즈 신발'을 사기 위해 금품을 노리고 조던의 아버지를 살해한 것이다. 이 끔찍한 사건으로 조던은 큰 충격과 절망에 빠지게 되고 결국 은퇴를 선언한다. 최전성기에 갑작스러운 조던 은퇴는 미국을 넘어 전 세계 농구 팬들에게 충격을 안겨줬다. 미국 대통령이 이에 대한 담화를 발표할 정도로 엄청난 이슈였던 사건이었다.

이후 마이클 조던은 아버지가 좋아하던 야구를 선택해 '시카고 화이트 삭스'의 스프링 캠프에 참가해 선수 생활을 시작한다. 31세의 노령에게 야구선수로서의 미래는 밝지 않았다. 그러던 1994년 메이저리그의 파업 사태가 벌어지게 되고 파업이 7달 넘게 지속되자 마이클 조던은 1년 2개월 만에 야구를 그만두게 된다. 그리고 1995년 3월 18일 미국의 전 언론사에 팩스 한 통이 보내진다. 그 내용은 "I'm Back" 마이클 조던이 NBA로의 복귀를 선언한 것이다.

마이클 조던은 스포츠 각종 분야에서 한 시절을 지배했다는 세 번 연속 우승을 차지하는 1차 쓰리핏의 영광을 1991~1993년에 안았다. 이제 1차 은퇴 후 복귀로 2차 쓰리핏을 1995년부터 기대하는 팬들을 들뜨게 했다. 봄에 돌아오게 되지만 동부지구에서 불스의 위력은 많이 약해 있었다. 하지만 돌아온 조던을 중심으로 다시 팀은 재편되고, 여전히 위력적인 조던을 앞세워 1996년부터 두 번째 3년패를 달성하게 된다. 그중 시카고 불스는 95~96 시즌 87.8% 엄청난 승률을 기록하며 역대 최고의 기록인 72승을 달성하게 되는데 82경기 하에 치러진 리그 개편 이래 현재까지도 70승 이상을 기록한 유일한 팀으로 기록되었었다. 당해에 팀은 리그의 상이란 상을 모조리 휩쓰는 괴력을 발휘하는데 시즌 MVP, 올스타전 MVP, 파이널 MVP 등 조던을 필두로 '트리플 그라운'을 달성했다.

두 번째 3년패 후 조던은 다시 은퇴를 선언하지만, 2000년 또다시 복귀를 선언하며 자신이 구단 경영에 적극적으로 참여하고 있던 워싱턴 위저즈 선수로 들어가게 된다. 복귀한 2시즌 동안 비록 전성기에 미치지는 못하였으나 40살의 나이에도 젊고 빠른 선수를 상대로 43득점을 기록하는 등 믿기 힘든 경기력을 보여주면서 역시 '농구의 황제'임을 입증하기도 하였다.

조던은 시합 중 공격에 있어서는 NBA 60년 사상 최고의 공격수 두 명 중 하나이다. 다른 한 명은 월트 체임벌린이다. 그리고 조던은 역사상 가장 다양한 공격 루트를 뽐내는 선수였다. 내외각의 안정적 슛, 드리볼 & 풀업 점프 슛 등 나열하기도 힘든 공격 루터인데 조던은 이 모든 것을 자유자재로 구사할 수 있었다. 그 외, 조던이 강한 것은 육체적

강인함과 함께 정신적 강인함이 뒷받침됐기 때문이다. 이러한 정신력은 단순히 승부욕만이 아니라 정신을 집중하는 수련에서 기인한 것이다.

　마이클 조던이 참선(명상) 수행을 열심히 한다는 것은 유명한 이야기다. <TIME>지는 1999년 1월 그의 은퇴를 다룬 커버 스토리 기사에서 조던이 선수시절 매일 참선수행을 해왔는데 그로 인해 경기에서 더 기량을 발휘할 수 있었던 것 같다고 소개했다. 타임지는 참선수행이 개인플레이가 강하던 조단을 팀플레이를 중시하는 선수로 변모시켰다고 덧붙였다. 나는 그가 소속한 시카고 불스가 우승했을 때였다. 그의 옆에 몰려든 수백 명의 기자 중 한 기자가 "상대편 유타 재즈 선수들은 시카고 불스 선수들보다 젊고 빠른데 어떻게 이길 수가 있었느냐?"고 비결을 물었다. 그러자 조던은 "참선수행의 힘"이라고 잘라 말했다.

　"참선수행이 우리 팀을 한마음으로 만들었다. 필 잭슨 감독은 지난 28년 동안 일본 선사 밑에서 참선수행을 해왔다. 그는 시카고 불스에 신인선수가 들어올 때마다 스즈키 로쉬의 《선의 마음, 초발심》이라는 책을 권한다. 그리고 참선수행 프로그램 참여를 권유한다. 나(조던) 역시 감독의 권유로 참선을 시작했다. 참선은 나의 급한 성격을 열정과 자신감으로 뒤바꿔놓았다." 그리고 슈퍼스타 선수를 이끌어 환상적 경기를 펼쳤던 필 잭슨 감독의 위대함은 승리의 업적보다 승리를 이끈 방식에서 찾아야 한다. 탁월한 리더십의 근본에는 명상과 참선이 있다. 연속 우승의 비결이 무엇이냐는 질문에 간단히 대답했다. "경기 전에 10분 동안 명상(참선)을 시킨다고 했다. 이에 덧붙여 마음을 다스리는 것은 큰 힘을 발휘한다"고도 말했다.

정신 조절이 경기의 관건인 스포츠에서 관련 의학 전문가들은 "모든 스포츠는 그 내부에 명상적 요소를 가지고 있다. 운동을 할 때에 경쟁심 같은 외부적 요인에만 집중할 때는 도리어 본인에게는 스트레스 요인이 되는 반면, 운동을 하면서 온몸을 이완시키면서 마음을 비운다는 생각으로 단순한 리듬에 집중하면 큰 운동효과를 얻을 수 있다"고 설명한다. 현재 서구에서는 골프와 참선, 축구와 참선, 야구와 명상 등 여러 스포츠와 불교식 명상을 결합하는 훈련법이 유행처럼 퍼지고 있다.

방송 진행자 '오프라 윈프리'의
명상 이야기

세계적인 토크쇼 진행자이자 「TIME」 선정 '20세기 영향력 있는 인물'인 오프라 윈프리는 1973년부터 방송을 시작해 <오프라 윈프리 쇼>를 진행하며 전 세계에 자신의 존재를 알리기 시작했다. 25년간 최고의 자리를 지킨 방송 진행자이자 제작자로 불우한 과거를 딛고 온전히 자신의 힘으로 성공을 이뤄내 전 세계인의 롤모델이 되고 있다. 2011년 <오프라 윈프리 쇼> 은퇴 후 OWN 방송국을 설립했으며 2013년에는 하버드대학교에서 명예박사 학위를 받았다.

오프라 윈프리는 단지 유명한 토크쇼 진행자라는 수식어만으로는 부족한, 세계적인 대중문화 선도자이다. 그녀가 진행했던 <오프라 윈프리 쇼>는 1986년 가을부터 2011년 봄까지 25년 동안 4,561회의 토크쇼를 미국뿐만 아니라 전 세계에 방송되었는데, 이 프로그램은 '이야기의 힘'만으로 TV와 미국 문화의 변화를 일으키는 문화적 형식을 창조했던 대중 미디어계의 전설적인 프로그램이다. <오프라 윈프리 쇼>의 세계적인 성공과 함께 오프라는 엄청난 부와 막강한 사회적 영향력을 얻게 되었고, 자선과 박애로 무수한 사람들을 도왔다.

<오프라 윈프리 쇼> 성공의 가장 중요한 열쇠는 치유이다. 오프라 자신의 유년기에 겪었던 많은 고통인 성폭행, 유산, 마약중독, 청소년기의 방황 등을 시청자들에게 솔직히 말하고 이러한 고통을 겪는 사람들과 함께 상처를 치유함으로써 공감과 신뢰를 구축했다. 그녀는 힘들고 불행했던 어린 시절을 이겨내기 위해 많은 긍정적인 덕목을 실천했는데, 예를 들면, 그녀는 하루도 빠지지 않고 감사 일기를 쓰고 있다. 자신을 힘들게 했던 어린 시절에 대해 오히려 많은 것을 배울 수 있었던 유의미한 경험이었다며 감사의 마음을 보이는 오프라에게 사람들은 변함없는 지지와 사랑을 주었다.

방송을 통해서 상처를 지혜로, 그리고 마음을 감사로 돌리는 오프라의 언어를 통해 시청자들은 삶의 고통과 좌절을 자기 극복과 성공이라는 긍정적 요소로 변화시키는 힘을 반복적으로 체험할 수 있었다. 치유의 언어로 감동시키는 영혼의 연금술사 오프라가 마음의 평화를 원하는 이들에게 가장 적극적으로 권하는 것이 명상 수행이다.

그녀는 명상을 통해 본연의 자기를 비로소 만날 수 있었다고 말한다. 오프라에게 명상은 자신의 본연의 모습을 가리는 장애물을 걷어내는 작업이다. 그녀는 매일 잠자리에 들 때와 잠에서 깼을 때 항상 스스로 되뇐다. "고요함은 나의 본성이다." 명상을 통해 얻게 되는 마음의 고요함은 지금까지 몰랐던 자신의 모습, 즉 마음의 번잡한 생각 너머에 있는 전혀 다른 존재를 만나게 해주었다.

"머릿속에서 끊임없이 재잘대는 말소리들이 내 자신이 말하는 것이라고 믿고 살았죠, '이 일을 반드시 해야 해.' '나는 잘할 수 있는 사람이야.' '저렇게 된다면 얼마나 좋을까.' 이런 생각들과는 다른 차원의 존재 방식이 있다는 걸 알게 된 것은 마음이 충분히 고요해지면서 얻은 깨달음이었어요."

오프라에 의하면, 명상은 머릿속의 생각들과 우리의 본연의 모습은 다른 존재라는 것을 깨닫도록 이끌어준다. 우리의 본연의 모습이란 사물이 눈에 들어오고 생각으로 바뀌는 마음 활동을 알아차리고 있는 고요함이다. 달라이라마, 틱낫한과 함께 21세기를 대표하는 영적 지도자 '에크하르트 톨레'의 「지금 이 순간을 살아라The Power of Now」의 저자)를 인용하며 오프라는 말한다. "당신이 내면의 고요함과 닿아 있지 않다면, 당신은 당신 자신과 닿아 있지 않을 겁니다. 우리가 본연의 자신을 만나지 못하면, 세상 속에 살면서도 자신을 잃어버린 사람으로 사는 것입니다. 세상에서 길을 잃은 것처럼 슬프고 혼란스러운 곤경은 없을 겁니다."

이러한 단절이 어떤 느낌인지 수없이 경험했던 오프라는 그러한 혼란스러운 마음에서 벗어나는 길을 필사적으로 찾았다. 그리고 결국 명상을 만나 마음의 평안을 찾았다. "항상 혼란스럽고 자신의 본연의 모습이 어떤지 알지 못하는 당신은 결국 세상이 당신에 대해 말하는 것을 믿기 시작합니다. 그 세상이 당신의 머릿속의 세계든 외부의 세계든 말입니다. 세상은 당신이 아직 충분하지 않다고 끊임없이 설득하려고 합니다. 하지만 이 말은 진실이 아니니까 이 말에 낚일 필요가 없습니다. 명상을 통해 미끼를 물려는 마음에 저항하는 힘을 기르세요."

진정으로 중요한 목소리, 마음의 소리는 자각하는 마음이 살아 있는 내면의 소리라는 것이다. "내가 어떻게 자신이 될 수 있는 거야?"라고 묻는 친구에게 오프라는 이렇게 답한다. "고요한 마음을 만나기 위해서 너무 진지할 필요가 없어, 바쁜 생활은 여전히 계속될 텐데, 그 와중에 스스로 명상을 할 시간이 없다고 느낀다면 작은 것부터 시작하는 것이 좋아. 샤워를 할 때, 물과 함께 있으면 돼, 비누의 향기를 감상하는 것도 좋은 방법이야. 요전 날 난 샤워를 젤의 향기에 흠뻑 취하는 것만으로도 바쁜 마음과 거리 두기를 할 수 있었어, 따뜻한 물의 즐거움과 깨끗한 느낌을 얻을 수 있는 특권에 감사한 마음이 들었지. 새소리에 눈을 뜨는 아침, 침대에서 일어나기 전에 소리를 감상하기 위해 잠시 멈추는 거야. 그리고 뉴욕시를 깨우는 자동차 소리에 도시가 살아나고 있고 또 하루가 시작되지, 이 소리에 귀 기울이며 선택과 선택이 이어지는 매 순간 우리가 살아가는 것에 감사하게 된다고. 이러한 순간에는 내가 무엇을 하고 있던 최선의 삶을 살 수 있게 되는 마음의 상태가 되지, 외부 세계의 평가는 나를 걱정시키지 못해. 이렇게 작은 실천으로 내면의 고요함과 만나는 거야."

오프라가 강조하는 것은 우리는 생각을 관찰할 수 있다는 것이다. 생각은 우리 자신이 아니고 우리는 생각에 갇혀 있는 사람이 아니다. 오히려 우리는 생각을 바라볼 수 있다. 그러므로 좋지 않은 생각에서 자유로울 수 있다. 틱낫한, 페마 쵸드론과 같은 불교의 스승들과 많은 대화를 나누었던 오프라는 더 많은 사람들과 명상의 효과를 나누기 위해 '21일 명상'이라는 프로그램을 선사했는데, 여기서도 그녀가 강조하는 명상의 첫 번째 단계는 내면의 고요함과 만나는 것이다. 3주 동안 매일 20분의 명상을 통해 그동안 오프라가 영적 스승들과의 대화를 통해서 얻은 노하우는 다음의 세 가지를 중심으로 전달된다. 먼저 현재 이 순간의 삶을 알아차리는 힘을 기르고, 그 다음 삶에 대한 참여를 확대하고, 끝으로 열린 마음으로 오는 창조적 힘을 우리 삶의 모든 영역에 활용하는 것이다. 이 프로그램을 듣고 있으면, 오프라 특유의 부드럽고 설득력 있는 어조가 듣는 이의 마음을 점차 고요함에 귀 기울이게 한다.

끊임없이 바쁘다는 것은 종종 자신의 분야에서 성공한 사람의 상징으로 여겨진다. 바쁜 사람들은 생산성을 극대화하기 위해 잠자는 시간 외의 모든 시간을 계획하고 통제하는 것을 좋아한다. 그러나 이런 식의 생활이 장기간 지속될 경우, 몸과 마음이 고장 날 수 있다. 불면의 밤, 불규칙한 식사, 만성화된 걱정과 스트레스 등의 문제를 달고 살게 된다. 오프라에 따르면, "결국 생산성을 위해서라도 '고요함에 머무르기'가 반드시 요구된다."

사실 우리는 수행자처럼 매일 길고 깊이 있는 명상을 할 수 없다. 그러나 적어도 매일 명상을 할 수 있고, 15분 정도의 산책을 할 수 있다. 오프라는 이것을 실천하자고 힘주어 말한다. 이로써 우리는 속도를 늦출 수 있고 고요해질 수 있다. 속도 늦추기는 우리 중 많은 사람들에게 바쁘게 지내는 것보다 더 어려울 수 있지만, 창조적인 에너지와 방향을 찾는 것은 홀로 있음과 고요함 속에서 가능하다. 이것을 깨닫게 된다면 기꺼이 명상에 참여하고픈 마음이 일어날 것이다.

1990년 5.21 오프라 윈프리쇼

오늘의 주인공은 트루디입니다!
그녀는 어릴적 양아버지에게 어떤
학대를 받아왔는지 이야기할 것입니다.

제 기억엔...
아버지는 친구였어요.
어느날 그는 식탁에 앉아
무릎에 저를 앉혔지요.

저는 그 사람이 주었던 캐러멜 사탕과
그날을 잊을 수 없었어요

그것은 귀여움의 표시였어요

오.. 그때부터 였군요...

제가 9살 때 19살 사촌에게
성폭행을 당했습니다

그것이 시작이었고 그를 포함한 3명의 가족이
저를 성적으로 학대했습니다

저는 이 사실을 20년간 숨겨왔어요.

오프라 윈프리의 용기있는 고백과 약자들을
향한 곰감으로 이후 많은 사람들이 주목했다.

1991년 11.1 워싱턴 DC

우리는 반드시 아동학대 및 성범죄와 관련된 모든 범죄정보를
공유해 아동보호를 강화하는 법을 만들어야 합니다!!

1993 미국전국아동보호법 제정

oprahization

집단치료형태로써 대중들 앞에서
고백하며 치유되는 현상.

oprahism

인생의 성공은 타인이 아닌
자신에게 달렸다는 의미.

나 자신이 치유되고 자기극복과
성공으로 이끌어 내기 위해서는
내면의 고요함을 찾는 시간이
반드시 필요했습니다.

새 소리에 눈을 뜨는 아침

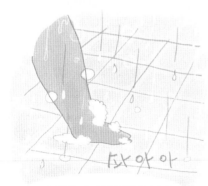

샤워를 할 때 따뜻한 물의 즐거움과

비누의 향기를 감상하는 것도 좋은 방법이지요

끊임없이 바쁘다는 것은 자신의 분야에서 성공한 사람의 상징으로 여겨지지만,

이런식의 생활이 장기간 지속될 경우
몸과 마음이 망가질 수 있어요

결국 생산성을 위해서라도
'고요함에
머무르기'가
반드시 요구됩니다.

사실 우린 수행자처럼 매일 길고 깊이 있는 명상은 할 수 없지만 적어도
마음의 속도를 늦추고 고요함에 머무른다면 삶의 에너지가 달라질거예요.

《사피엔스》 유발 하라리,
빌게이츠를 명상케 하다

유발 하라리Yuval Harari는 이스라엘 출신으로 예루살렘 히브리(텔아비브) 대학에서 중세 역사와 전쟁 및 군 문화를 전공하고, 영국 옥스퍼드 대학교에서 중세 전쟁사로 박사 학위를 받았다. 이후 예루살렘 대학교에서 역사를 강의하고 있다. 2010년대 중반 자신의 역사적 통찰을 담은 저서 《사피엔스》는 전 세계 45개국에서 출간되어 세계가 그를 주목하는 베스트셀러 저술가 이다.

하라리의 명저 《사피엔스》 중 불교의 명상 후기에 '평생 쾌락을 찾아 헤매던 사람들은 상상할 수 없는 평정이다. 바닷가에서 좋은 파도를 받아드려 나쁜 파도를 밀어내어 자신에게 오지 못하게 하는 일이다. 늘 이렇게 애쓰면 마침내 모래에 주저앉아 파도가 마음대로 오가게 놔둔다. 얼마나 평화로운가!' 라며 명상을 표현했다. 그리고 그의 또 다른 명저 《호모 데우스》와 《21세기를 위한 21가지 제언》에서도 불교에 대한 깊은 이해를 보여주었다.

하라리는 매일 규칙적으로 명상을 하는 것으로 알려져 있다. 그의 명상은 구체적으로 소개되지는 않았으나 그가 말하는 내용으로 보면 '있는 그대로 관찰하는' 위빠사나 명상 수행으로 느껴진다. 그는 저술 내용이 선禪 수행을 실천하지 않고서는 도저히 쓸 수 없는 내용으로 와 닿는다. 더욱이 하라리가 소개하는 글처럼 압축적이면서도 이해하기 쉽게 불교의 핵심을 잘 설명한다는 것은 쉽지 않다. 그래서 전 세계 독자들의 영감 속에서 찬사를 보내는 것이다.

하라리는 《사피엔스》에서 불교는 벌써 2,500년 전에 자신과 행복의 문제를 체계적으로 연구했다고 설명하면서, '불교의 접근방식은 현대 과학적 접근방식과 기본적 통찰 측면에서 일치한다. 행복은 신체 외부에서 오는 것이 아니라 내부에서 온다고 보았다. 그러나 불교는 생물학과 결론은 매우 다르다. 과학자들의 불교철학과 명상법에 대한 관심이 점점 커가는 이유가 바로 여기에 있다.' 이는 아테네 신전 앞에 '너 자신을 알라!'는 명제만 던져 놓았던 서양 철학에 대한 답을 제시한 것이라 볼 수 있다.

현대사회는 유발 하라리의 말 한마디 한마디에 젊은이들은 열광하고 그것이 자기 삶의 지침으로 삼는다. 그는 역사학자로서 인류가 살아온 장구한 시간을 면밀히 관찰하면서 '인간이 무엇인지', '인생의 의미가 궁극적으로 무엇인지'에 관해 해답을 제시하고 있다. 그 출발은, 자신이 보기에 삶이란 원래 괴로운 것, 즉 불교의 진리 중 고苦로 본 것이다. 그래서 그는 '인생의 의미가 무엇이냐?'는 질문보다, '어떻게 하면 고통에서 벗어나느냐'라는 질문을 해야 인류가 행복해질 수 있다고 강조한다. 그리고 고통에서 벗어나려면 먼저 '고통의 원인을 알아야 한다.'고 역설했다.

그리고 그 해법으로 위빠사나 명상 수행을 통해 고통의 원인이 자신의 정신적 관습 때문에 생긴다는 사실을 깨닫고 그의 저술에서 "고통은 원하는 것이 되지 않을 때 정신이 일으키는 반응"이라고 정의했다. "따라서 고통은 외부의 객관적 조건에서 오지 않고, 그것에 대한 정신이 일으키는 반응임을 깨닫는 것이 고통을 벗어나는 출발점"이라고 밝혔다. 특히 주목해야 할 것은 '고통이 어떤 객관적 사실이 아니라 주관적 반응'이라는 점이다.

영국의 가디언 신문The Guardian이 "인생에서 배운 가장 중요한 교훈은 무엇인가?"라는 질문에 대하여 하라리는 "모든 것이 변하고, 사람들은 결코 만족하지 않으며, 모든 정체성은 허구이다."라고 대답했다. 여기서 '모든 것은 변한다'는 말은 불교 진리 중 제행무상諸行無常으로 삼법인三法印의 시작이다. 또 하라리는 "모든 정체성은 허구이다"는 제법무아諸法無我를 의미하는 표현이다. 그리고 "사람들은 결코 만족하지 않는다"라는 표현은 그것이 '괴로움의 원인' 즉, 일체개고一切皆苦의 의미를 내포하고 있다.

유발 하라리는 위빠사나 명상에 대해서 마이크로소프트MS의 빌 게이츠에게 자신의 저술을 통해서 명상을 일깨워 줬다. 빌 게이츠가 2018년 12월 3일에 올린 자신의 블로그에서 '내가 명상에 빠진 이유'를 설명하면서, 사실 빌 게이츠는 명상에 부정적이었다며, 더욱이 미신에 가깝다고 생각했다. 그리고 "예전에 나는 명상이 환생과 관련해 미신이라고 생각했다. 전혀 명상에 관심을 두지 않았던 이유이다. 그러나 최근 명상에 대한 깊은 이해를 하게 됐다."라고 적었다.

그 계기를 빌 게이츠는 유발 하라리의 책《21세기를 위한 21가지 제언》이었다 라고 밝히며, "인간의 마음은 항상 걱정을 한다." 필연적이다. 현대인들은 걱정거리가 아주 많다. 테러, 기후변화, 인공지능, 프라이버시 침해, 국제분쟁 등이다. 유발 하라리는 이런 공포에 맞설 유용한 수단을 제안한다. 걱정하는 것을 멈추는 것이 아니라 어떤 것들이 걱정되는지 아는 것이라고 말이다. 하라리는 21세기의 삶은 '마음을 챙기는 명상을 요구한다'고 강조한다.

인류의 역사와 미래에 대한 장대한 스토리를 분석해 온 유발 하라리는 왜 이토록 각자의 내면을 파고들며 관찰하는 명상을 강조하는 것일까? 하라리는 지금도 매일 2시간씩 명상을 하고 매년 한 두 달 간은 명상수련 휴가를 다니는 것으로 알려져 있다. 그는 두 번째 저서《호모 데우스》를 명상의 길로 인도한 스승 고엔카에게 바쳤다. 그가 24살이던 2000년에 친구를 따라 고엔카가 지도하는 태국 칸차나부리사나 센터의〔더 늦기 전에 명상 여행2〕과정에서 10일 과정 위빠사나 수련회를 처음 경험한 그는 '열흘 동안 내 감각을 관찰하면서 나 자신과 인간 일반에 대해 알게 된 것이, 그때까지 살면서 배운 것보다 더 많았다'고 말한다.

온갖 복잡한 신비주의 이론들이 가득할 거라고 짐작한 그에게 고엔카는 무엇을 가르쳤을까? "다리를 꼬고 앉아 눈을 감고 코를 통해 숨이 들고나는 데에 주의를 집중하십시오. 그 외에는 아무것도 하지 마세요, 숨을 통제하려고도 하지 말고, 숨을 특정한 방식으로 쉬려고도 하지 마세요. 그것이 무엇이 됐던, 그저 지금 이 순간의 실체를 관찰하기만 하세요. 숨이 들어오면 숨이 지금 들어오는구나, 하고 자각할 뿐입니다. 숨이 나가면 지금 숨이 나가고 있구나, 하고 자각할 뿐입니다.

그리고 초점을 잃고 정신이 기억과 환상 속에서 방황하기 시작하면 지금 내 정신이 숨에서 멀어져 방황하는구나, 하고 자각할 뿐입니다.”라며 묵언默言을 지키게 했다.

그에게 명상은 세계와 자신에 대한 진실을 아는 방법이기 때문이라는 것이다. 그는 《21세기를 위한 21가지 제언》 말미에 ‘명상’을 소개하는 이유를 이렇게 말했다. ‘적어도 독자들이 내가 어떤 색깔의 안경을 끼고 세상을 보는지, 그리고 그것에 의해 내 시야와 글쓰기가 어떻게 변조되는지 알게 된다면 좋지 않을까 싶다고’ 했다. 즉, 명상은 그가 세계를 보는 방법론이라 할 수 있다.

또 한 저술에서 ‘10대 시절 내 주변의 사람들과 내가 읽은 책에서 얻은 것은 모두가 정교한 허구들이었다. 신과 천국에 관한 종교적 신화, 모국과 국가의 역사적 사명에 관한 민족주의 신화, 사랑과 모험에 관한 낭만적 신화 혹은 경제성장과 어떤 구매와 소비가 나를 행복하게 해줄지에 관한 자본주의 신화 같은 것이었다’라며 기술했다.

하라리는 “대학 시절 학문 세계는 내게 지금까지 인간이 만든 모든 신화를 해체하는 도구들은 제공했지만, 인생의 큰 질문에 대한 만족스러운 답을 주지 않았다. 오히려 반대로 점점 더 좁은 질문에 초점을 맞추라고 권장했다.”며 “모든 허구적인 이야기를 포기하면 이전보다 훨씬 명료하게 실제를 관찰할 수 있다. 자신과 세계에 대한 진실을 안다면 아무것도 당신을 비참하게 만들 수 없다.”고 하면서 ‘허구의 스토리를 가려내고 실제만 남기는 도구가 그에겐 바로 명상이라’ 강조했다.

하라리는 2017년 2월 28일 음성 작동식 스위치 Vox에 “숨을 한번 쉬는 동안 자신을 진정으로 관찰할 수 있다면 모든 것을 관찰할 것이다. 명상은 실제와 허구의 차이를 알게 해준다. 무엇이 진짜인지. 무엇이 우리가 지어내고 만든 이야기인지 알 수 있다. 당신의 마음속에 있는 걱정의 99%는 그냥 허구인 이야기일 뿐이다."라 했다.

하라리는 "(명상 수련을 하기 전까지) 나는 분노를 1만 번은 경험했을 것이다. 하지만 분노가 실제로 어떻게 느껴지는지 관찰해보려고 하지는 않았다. 화가 날 때마다 분노의 감각적 실체보다 분노의 대상(누군가 한 일이나 말)에만 집중했다. 나는 이 열흘 동안 내 감각을 관찰하면서 나 자신과 인간 일반에 대해 알게 된 것이 그때까지 살면서 배운 것보다 더 많았다고 생각한다."고 한다.

그리고 "내가 깨달은 가장 중요한 것은 내 고통의 가장 깊은 원천은 나 자신의 정신 패턴에 있다는 사실이었다. 내가 뭔가를 바라는데 그것이 나타나지 않을 때 내 정신은 고통을 일으키는 것으로 반응한다. 고통은 외부 세계의 객관적 조건이 아니다. 나 자신의 정신이 일으키는 정신적 반응이다. 이것을 깨닫는 것이 더한 고통의 발생을 그치는 첫걸음이다."라 했다.

하라리의 명상법은 위빠사나 명상이다. 이 명상은 정신의 흐름이 몸의 감각과 긴밀히 연결되어 있다는 통찰에 기반을 둔다. 나와 세계 사이에는 몸의 감각이 있다. 나는 바깥 세계의 사건이 반응하는 것이 아니라 몸속 감각에 반응한다. 감각이 불쾌하면 기피로 반응한다. 그래서 명상은 몸의 감각과 감각에 대한 정신적 반응을 관찰함으로써 정신의 기본 패턴을 드러내는 것이다. 아울러 이 명상은 주요하게 숨을 쉬는 것을 관찰하도록 한다. 콧구멍으로 공기가 들어왔다. 빠져나가는 느낌을 계속해서 느낀다. 어떻게 호흡할지 생각하지 말고 그냥 현상 자체에 집중한다. 정신이 흩어져 방황한다면 그 자체로 받아들이면 된다. 마음을 계속 현재에 두려고 하면 관찰하는 능력이 길러지고 고통의 원인이 보인다.

유발 하라리는 2018년 4월 25일 인디아투데이 유튜브에서 "나는 종교적 관점에서 명상을 하는 것이 절대 아니다. 그냥 현실을 더 명확히 보려는 것이다. 그러나 많은 사람들이 오해를 하고 있다. 명상이 어떤 특정한 경향에 도달하는 수단이라고 생각하는 것이다. 그러나 명상의 가장 큰 장점은 자신의 마음을 알게 된다는 데 있다. 당신은 더 평화롭고 행복한 사람이 될 수 있다."고 했다.

하라리는 4차 산업혁명과 인공지능으로 변해가는 세상에서 살아남는 방법을 찾기 위해 고군분투하는 모습에 대해 "앞으로는 기계와 인공지능과 더불어 살아가야 한다. 그 속에서 기계의 부속품이 되지 않고 나를 잃지 않으려면 정신적 탄력성과 감성적 균형감이 필요하다. 명상에 대한 관심이 커지는 것은 어찌 보면 당연한 일이다"라고 했다.

빌 게이츠는 왜 명상에 심취했나?

빌 게이츠의 한때 별명이 '실리콘 밸리의 악마Demon of Silicon Valley' 였을 정도로 악랄한 장사수완을 자랑했다. 2021년 11월 현재 전세계 PC 운영체제 시장의 무려 74.28%를 점유하고 있는 윈도우Windows의 개발사 마이크로 소프트Microsoft의 창업주, 하버드 대학교를 중퇴하고 MS-DOS와 Windows 신화를 써내려 갔다. 그리고 1995년부터 현재까지 전 세계 부자의 대명사이다.

아버지가 시애틀 최고의 변호사 이자 부유층 가정에서 부족함 없이 성장한, 빌 게이츠는 중학교 때 '인생의 단짝 친구' 폴 앨런Paul Allen이 2018년 세상을 떠나자 추도사에서 "앨런을 만난 그때부터 저의 인생은 바뀌었습니다"라고 애도했다. 시애틀 레이드사이드 스쿨 재학 당시 폴 앨런은 컴퓨터 프로그래밍에 흠뻑 매료되어 있었고, 당시 그들은 워싱턴 대학의 컴퓨터 과학부의 DEC 미니컴퓨터를 주로 사용하였는

데, 이 컴퓨터를 사용하려면 사용 시간 이용권을 구입해야 했는데 비용이 너무 많이 들어가자 버그까지 이용을 하다 발각되었다는 유명한 애피소드가 있다.

워싱턴 주립대를 중퇴한 폴 앨런, 빌게이츠, 그와 하버드애서 만나, 훗날 마이크로소프트의 CEO가 되는 스티브 발머. 그들은 나름 그들이 개반한 소프트웨어로 세상의 혁명을 이뤄보겠노라는 꿈이 있었다. 그러던 중에 1975년 MITS의 알테어 8800의 출시 소식은 그들에게 있어 기회의 신을 만난 것이다.

폴 앨런이 "빌!! 큰일났어" 하면서 잡지 하나를 빌 게이츠에게 건냈다. "이것 봐 세상의 혁명이 시작됐다구 '알테어Altair'야!" 빌 게이츠가 잡지 표지의 문구를 보자마자 잡지를 정신없이 넘기기 시작하고, 이 위대한 하드웨어 제품을 구동시킬 소프트웨어다 그들에게 온 기회라고 직감한다. 그리고 빌은 "이러고 있을 때가 아닌데? 당장 여기 전화해야겠어"

그렇게 해서 MITS에서 시연할 날짜를 잡게 된 빌과 앨런은 그들이 밤낮없이 개발한 소프트웨어는 성공적으로 시연되었고, 그게 만족했던 MITS 본사에 두 사람이 일할 수 있는 사무실을 마련해 주었다.

그러나 본격적인 사업을 위해, 하버드 대학을 휴학(사업이 잘되자 자퇴) 하고 폴 앨런과 함께 '마이크로 컴퓨터'와 '소프트웨어'를 합친 이름의 '마이크로소프트'를 창립하게 되었고, 그들이 개발한 '알테어 베이직'의 첫 번째 제품으로 역사에 기록된다.

이후 빌 게이츠가 IBM과 맺은 계약을 맺는 자리에서 "IBM이 이곳에 사무실을 낸 것은 애플을 쓸어버릴 퍼스널 컴퓨터를 만들기 위해서겠죠" "저희가 그 운영체제를 제공해 드리죠" IBM 간부가 "어떤 운영체제조?" 빌은 "그것을 도스^{DOS}라 하죠" 그러나 마이크로소프트는 그때까지 도스를 개발한 적이 없었다.

빌은 도스 제품의 소유권은 자기들이 그대로 가지고 있으면서 사용권을 팔겠다는 제안이었다. 더 나아가 빌은 "저희는 다른 회사에 이걸 팔 수도 있어요" 결국 아무것도 없는 제품을 팔고, 빌과 앨런은 그길로 앨런의 지인인 팀 페터슨이 운영하는 시애틀 컴퓨터 제품이라는 회사를 찾아가 86도스를 헐값에 사가지고 와 조금 수정해서 제품 이름을 MS-DOS로 변경한 뒤, IBM에 납품하는데 성공한다.

이는 컴퓨터 역사상 가장 큰 영향을 끼친 계약이라고 불리며, 결국 IBM은 마이크로소프트에 돈만 퍼준 꼴이 되고 만다. 이후 Windows 시리즈를 통해 완전히 운영체계인 OS 시장의 주도권을 잡게 된다.

이런 성공 신화의 빌 게이츠는 2021년 빌 게이츠의 아내 멜린다와의 이혼으로 드러난 은퇴의 진짜 이유가 사내 불륜 때문이라는 보도가 나왔다. 빌도 이를 인정했다. 또한 월스트리트 저널의 보도에 따르면 아동 성범죄 혐의로 수감되어 옥중에서 자살한 부호 재프리 앱스타인과 2011년부터 4년여간 친분을 이어왔는데. 당시 멜린다가 빌에게 지속적으로 지적했음에도 교류를 계속해 왔고, 결국 앱스타인이 감옥에 들어간 순간부터 이혼을 결심하게 되었다.

세계적인 부호 빌 게이츠도 하루아침에 욕망이라는 갈애渴愛에 사로잡혀 문란한 성애 생활 등을 벌이고 선 그늘진 사람으로 추락하고 만 것이다. 미국 뉴욕포스트는 이른바 '억만장자들의 여름캠프' 행사에 참석해 기후 변화에 대해 연설을 마치고 질의응답을 진행할 때 게이츠는 "게이츠가 (이혼으로) 엉망이 되었다"는 것을 고백했다,

평소 매년 여름과 겨울에 자신만의 독서 리스트를 공개할 정도로

독서광이라 불리는 빌 게이츠에게 한 권의 책을 만나 인생의 큰 변화를 맞이하게 된다. 유발하라리의 <사피언스> <21세기를 위한 21가지 제언>을 읽고 명상에 관심을 가졌으나, 그때 까지 만 해도 사실 빌 게이츠는 명상에 부정적이었다. 미신에 가깝다고 생각했다.

빌 게이츠는 자신의 블로그를 통해 최근 "명상에 관해 훨씬 더 잘하게 됐으며, 아내와 함께 일주일에 2~3번씩 명상을 하고 있다"고 밝혀 화제가 되었다. 그는 "과거에는 명상을 신비한 종교 체험에 쉽게 현혹되는 사람들이나 하는 행동으로 이해했기 때문에 명상에 관심을 두지 않았다."고 밝혔다.

그러나 최근 "명상에 대한 깊은 이해를 하게 됐다." 그래서 명상을 시작한 빌 게이츠는 하루 10분씩 이상 명상을 한다. 그는 바닥에 앉아 다리를 가부좌로 꼬고 앉기가 너무 어려워 편안하게 의자에 앉아서 명상을 한다고 한다.

그의 명상은 종교나 신념과는 관계가 없다. 하루에 몇 분을 떼어내 머릿속에 생각들을 집중하는 법을 연습하는 것이다. 근육을 단련하는 것처럼 명상은 마음 운동이다. 빌 게이츠는 몸을 운동하듯이 마음도 명상으로 운동하고 있다.

"마치 우리가 근육을 높이기 위해 운동을 하는 것처럼 마음의 근육을 키우기 위해 매일 10분씩 이상 명상을 한다"고 말했다.

빌 게이츠는 매번 노벨상의 유력 후보자로 거론되고 있다. 또한 전성기 악착같이 돈을 벌어 실리콘 밸리의 악마라는 표현까지 들었던 그가 은퇴 후 보여준 행보는 아프리카나 저개발국가를 위한 노력과 에이즈 예방을 등을 위한 엄청난 기금, 특히 지구 온난화, 즉 21세기 들어 가장 큰 문제 중 하나로 떠오른 지구의 기후변화에 관해 알리고자 방송이나 강연뿐만 아니라 유튜브 등 소셜 미디어에서도 홍보에 많은 노력을 기울이고 있다.

이러한 일에 그의 기부 규모는 45.5조 원이라는 놀라운 액수다. 또한 빌 게이츠는 현재 3명의 자식에게도 자신의 전 재산을 유산으로 0.02%만 물려주겠다고 한다. 한화로 약 110억 원 정도이다.

스티브 잡스의 명상, 애플을 탄생시키다

스티브 잡스는 어린 시절부터 입양되어 양부모 밑에서 자랐지만 똑똑했던 것 같다. 취학 전에 양부모로부터 책 읽는 법을 배운 후, 학교 공부가 시시했는지 학교를 자주 빼먹기도 했고, 말썽꾸러기 짓도 많이 했는데, 초등학교 담당 선생님 의자 밑에 폭음탄을 설치하는 등 남들이 보기에도 비행 청소년이자 사고뭉치였다.

고등학교 시절에 만난 5살 많았던 스티브 워즈니악Steve Woznick과 많이 어울렸는데, 1971년 버클리대학 재학 당시 워즈니악이 만든 장거리 국제전화를 공짜로 할 수 있게 해주는 불법 장치인 블루박스Blue box를 판매하면서 전자제품이 돈이 된다는 것을 일찌감치 경험하게 됩니다.

그후 스티브 잡스는 1973년 미국 오리건주 포틀랜드에 있는 리드대학교 철학과에 진학했지만, 한 학기만 다닌 뒤 부모 몰래 중퇴한다. 그리고 잡스는 오리건주 올인원 팜All in one farm이라는 사과 농장에서 히피 공동체 생활을 하다가, 그곳에 기거하던 일본 선불교 승려인 고분 치노 오토가와Kobun Chino Otogawa를 만나 선불교에 입문한 후에 자주 맨발의 모습을 보이기도 했다.

1974년 세계 최초의 게임회사이자, 유명한 오락실 게임회사인 아타리(Atari)에 입사한 잡스는 7개월간 인도 순례 여행을 떠나기도 했었고, 장기간의 인도 히말라야 여행을 통해 불교를 더욱 깊게 공부하여 일반인들이 보기에는 상당한 경지에 이르렀을 정도였다고 한다. 그리고 잡스는 "불교를 접한 것이야말로 내 인생에 가장 중요한 일 중 하나"라고 표현하기도 했다.

이후 스티브 잡스는 창업자금을 마련하기 위해 자신의 차를 팔았고, 스티브 워즈니악, 게임회사 아타리에서 만났던 로널드 웨인과 함께 자신의 아버지 차고에서 어렵게 애플Apple을 창업하게 된다. 그들은, 당시 적당히 투자할만한 벤처기업을 찾고 있던 백만장자 마이크 마쿨라로 부터 25만 달러를 투자받았다.

이 투자로 애플은 본격적인 성장 가도를 달리게 되고, 1977년 5월 지금의 애플이 있게 만든 'Apple 2'를 선보였으며, 이 제품은 가장 성공적으로 일반 대중들에게 보급된 퍼스널 컴퓨터 제품 중의 하나로 역사에 기록되었다.

PC의 필수요건 GUI라는 열매 애플이 선점하다

키보드로 명령어를 치는 것이 아니라, 마우스Mouse로 명령 메뉴를 클릭하고, 아이콘을 클릭하면 그래픽 사용자 인터페이스GUI는 오늘날 많은 사람들이 애플이 처음으로 만들었다고 생각하지만, 실제로는 아니다.

이 실체는 복사기 제조업체인 제록스^{Xerox}의 연구진들이 오늘날의 마우스와 가장 가까운 초기 형태의 마우스와 GUI를 제작하게 되었고, 제록스 본사 경영진들에게 그 제품을 시연하는 자리에서 임원들은 "우리 같은 (대기업)제록스가 쥐^{Mouse}를 상대하란 말인가" 라는 반응을 보이며 회의적이었다.

때마침 당시 제록스가 애플의 주식 10만 주를 살 수 있게 했던 거래의 일환으로, 잡스는 제록스의 발명품을 볼 수 있는 기회를 얻게 되고, 잡스의 눈에 GUI와 마우스는 한 줄기 빛과도 같았다. 제록스가 헌신짝처럼 버린 GUI와 마우스를 낚아채면서 애플은 메킨토시^{Macintosh} 개발에 가속도를 붙이게 된다.

애플과 스티브 잡스의 몰락

대외적으로 애플은 화려한 스포트라이트를 받고 있었지만, 내부적으로는 스티브 잡스의 경영방식으로 인해 애플도 흔들리게 되고, 결국 1985년 6월까지 약 1,200명의 직원이 해고되는 심각한 사태까지 가게 된다. 급기야 그해 애플의 이사회는 스티브 잡스를 해임하게 된다. 결과적으로 자신이 창업한 회사로부터 쫓겨난 아이러니한 상황에 부딪치게 된다.

그뒤 잡스를 따르던 애플의 몇몇 직원들을 데리고 나와, 넥스트라는 컴퓨터 회사를 창업하고 스타워즈, 인디아나존스로 잘 알려진 루카스필름의 컴퓨터 그래픽 사업부를 1,000만 달러에 인수하고 제작한 3D 애니메이션 영화 토이스토리(1995년)가 흥행에 성공하면서 화려하게 부활하게 된다.

스티브 잡스의 화려한 영광에는 두 사람의 정신적 스승으로 인연을

쌓았다. 그중 한 사람은 조동종 사원에서 태어나 일본 교토대학에서 대승불교를 전공한 오토가와 코우분乙川弘文이다. 1985년 넥스트라는 회사 설립했을 때는 코우분 스님을 회사의 공식적인 조언자로 영입하기도 했다.

선禪수행에 깊이가 있는 코우분 스님과의 교유는 스티브 잡스가 강조한 집중focus과 단순simplicity이라는 점에 잘 나타나 있다. 스님으로부터 배운 경행經行과 자신의 본질을 찾는 명상 수행은 스티브 잡스에게 큰 영향을 주었다.

일본의 선불교를 명상으로 승화시켜 창의력을 낳다

코우분 스님은 일본 선승의 최고봉인 스즈키 스님의 미국 타사하라 선마운틴에서 스님의 보좌역을 했다. 스즈키 슌류鈴木俊隆는 일상 속에서 쉽게 수행할 수 있도록 돕는 그의 책『선심초심』은 미국식 불교를 제시해 '미국불교의 조사祖師'라 불린다.

그는 좌선을 할 때 어떻게 바르게 앉을 것인지, 호흡은 어떻게 해야 하는지, 의식의 흐름을 어떻게 통제해야 하는지를 소상하게 제시해 좌선이라는 이름이 오늘날 미국의 명상으로 발전해 나갔다.

두 스님에게서 잡스는 명상을 통한 내적 세계의 체험이 중요하다는 것을 배웠고, 누구보다도 열정적으로 명상수행을 했다. 이성적 사고가 지닌 한계를 깨달은 잡스는 "그냥 머리로만 생각하는 것이 아니라 호흡을 가다듬고 내면의 세계로 들어가서 한 차원 높은 통찰력을 얻는 법"을 배웠다.

그의 전기를 보면 잡스는 '가만히 앉아서 내면을 들여다보면 우리의 마음이 얼마나 불안한지 알게 될 것이라고 말한다.' "진정하려고 하면 상황을 악화시킬 뿐이지만 시간이 지남에 따라 진정되고, 진정되면 더 미묘한 것들을 들을 여지가 있습니다. 당신의 마음은 느려지고 현재의 순간이 한없이 확장되는 게 느껴집니다. 당신은 이전에 볼 수 있었던 것보다 훨씬 더 많이 봅니다. 이것이 바로 마음의 수양이며, 당신은 지속적으로 그것을 연습해야 합니다.”

잡스가 ‘본다’라고 표현하는 것은 직관을 의미한다. 그는 직관적 이해와 통찰을 이성적인 사고와 개념적 분석보다 더 중요한 것으로 여겼다. 잡스는 2005년 스탠퍼드 대학교 졸업식 연설에서 “무엇보다 중요한 것은 여러분의 마음과 직관을 따르는 용기를 가지라는 것입니다. 마음과 직관은 여러분이 되고 싶어 하는 바를 이미 알고 있습니다. 그 외에 모든 것은 부차적입니다”라 말했다.

잡스의 직관은 그의 독특하고 놀라운 제품 개발 방식과도 연결되어 있었다. 그는 어떤 종류의 마케팅 조사도 하지 않았다고 한다. 그러나 명상은 잡스가 고객을 이해하는 방식을 형성했다. 잡스가 한 말 중에서 “나의 임무는 고객이 원하는 것을 제공하는 것이 아니라, 사람들이 무엇이 필요한지 미처 몰랐던 것을 제공하는 것”이라고 한 말은 특히 유명하다.

잡스가 배운 선불교 즉 명상의 핵심은 반야라는 정신의 집중을 통해 직관적으로 경험하는 근원적인 지혜였다. 그는 평생에 걸쳐 반야의 지혜를 이해하고 실천하려고 애썼다.

E=mc² 이론 아인슈타인의
불교 염주는 무엇?

아인슈타인이 불교 신자인지는 알려지지 않치만, 그가 불교를 인정하고 심취했던 것 만은 분명하다. 왜 그렇게 생각하는지는 그가 세상을 바꿔놓는 물리학 상대성이론과 불교가 너무나 흡사하는 소신에서부터이다. 현대적인 의미의 과학의 시작점은 시각에 따라 다르겠지만, 갈릴레이와 데카르트, 뉴턴 등은 천체의 움직임을 수학적으로 분석한 결과 '어떤 규칙이 모든 천체에 한결같이 적용된다는 사실'을 알아냈다. 즉 초기의 과학은 주로 일상적인 물체를 연구 대상으로 삼았다. 그들은 자연의 소리에 귀를 기울여 이를 수학적으로 분석했다. 이러한 이론들을 송두리째 갈아엎는 대혁명의 도화선을 아인슈타인은 전개했다. 첫 번째는 상대성이론을 탄생시키고, 두 번째는 양자역학이라는 전혀 새로운 물리학을 만들면서 '시간과 공간', 실체에 관한 고전적 개념을 단숨에 날려버렸다. 1905년 아인슈타인은 세상을 깜짝 놀라게 하는 특수상대성이론을 발표했다. 이는 '빛의 성질'에 관련된 것과 '물리법칙의 일관성'에 관련된 것이다. "만일 빛과 같은 속도로 움직이면서 빛을 보면 어떻게 될까?"빛의 속도가 일정하다는 사실은 일상적 관념과 다르기 때문에 기존의 이론들을 혼란에 빠뜨린다. 이를 풀어보면 '야구선수가 시속 150km의 속도로 공을 던진다면, 정지해 보는 사람은 같은 속도를 느끼겠지만, 차를 다고 공을 보면서 공과 같은 방향으로 시속 100km로 달린다면 공의 속도는 50km가 될 것이다.' 이것을 빛의 속도와 비교해 본다면, 빛의 속도로 움직이면서 빛의 속도를 측정한다면 빛은 정지한 것처럼 보이는 것이 상식적이다. 그런데 상대성이론에 의하면 빛의 속도는 항상 30만km로 결코 느려지거나 빨라지는 법이 없다. 즉 광원이나 관찰자의 운동에 관계없이 빛의 속도는 언제나 일정하다.

아인슈타인 불교에 심취하다

아인슈타인은 물리학계의 30년 후배이자 일본 최초의 노벨물리학상 수상자인 유카와 히데키로부터 무려 2500여년 전에 석가모니 부처님이 똑같은 진리(삼법인, 연기법, 공사상 등)를 깨닫고 가르쳤다는 말을 듣고 깜짝 놀랐다는 것이다. 히데키는 자신의 '중간자이론'의 아이디어를 불교의 화엄경에서 얻었다고 고백했다. 이러한 히데키에게 염주를 선물 받고 항상 지니고 다녔던 것이다. 이어 아인슈타인은 "나를 현대과학의 아버지라 하지만, 과학의 진짜 아버지는 석가모니 부처님이다. 내가 아는 한 허공을 본 사람은 석가모니밖에 없다. 미래의 종교는 자연 세계와 영적인 세계를 똑같이 존중해야 한다. 그것이 진정한 통합이다." 그는 스스로 유대인이면서 유대교의 '선민사상'(신이나 신적 존재에 의해 선택되고 구원된다는 종교사상)을 비난하는 대목도 있다. "원시적인 미신이 현세에 나타난 것이다. 내가 유대인에 속한다는 것이 기쁘고 유대인의 정서가 깊게 뿌리내렸다는 느낌도 인정하지만"이라 하면서 서양 종교에 대해선 비판적이었던 아인슈타인은 불교에 대해서는 많은 호평을 남겼다. 2018년 12월 4일, 뉴욕의 크리스티 경매장에서 아인슈타인이 서거하기 1년 전인 1954년에 독일 철학자에게 보낸 편지지 한 장 반 분량의 편지 한 통이 290만달러(한화 약 32억원)에 팔렸다. 여기에는 '신과 종교에 대한 성찰이 담겨있었다' 이 편지에서 그는 철저한 무신론자임을 여과없이 드러낸다. "내게 신이라는 단어는 인간의 나약함을 표현한 것이자 그 결과물로 여겨진다. 성경은 경의를 표할 만하지만 매우 원시적인 전설의 모음집일 뿐이다. 아무리 미묘한 해석을 덧붙여도 내게 이런 사실은 달라지지 않는다" 아인슈타인은 상대성이론을 토대로 시간은 절대적이고, 공간은 영원불변하며, 중력은 만유인력의 결과이고, 빛은 직진하는 파동이라는 근대과학의 미망을 가차 없이 깨버리면서 세계적인 스타가 된 것이다. 절대공간, 절대시간이 허구임을 밝혀낸 것이다. 이것은 불교의 공^空 개념이나 연기^{緣起} 사상과 너무나 닮아있다.

E=mc2 내가 시간과 공간의 고전적 이론을 깼지

빛의 속도는 항상 일정하지

와아

아인슈타인 선생님께 이 염주를 드리겠습니다.

?

저의 중간자 이론은 화엄경에서 아이디어를 얻었지요.

과학의 아버지는 아인슈타인, 내가 아니라 바로 석가모니 부처님이지. 불교의 공과 연기사상 말이야.

명상 첫걸음

용맹정진 참선과 명상에 대한 소상

1판1쇄 펴냄 2022년 11월 21일

지은이 홍무흠

편집 김미진
일러스트 민선영

펴낸곳 새벽별
주소 서울시 종로구 인사동5길 25 하나로빌딩 712호
전화 02-735-0097
팩스 02-735-0097
메일 wonhyo2022@naver.com

ISBN 979-11-974404-1-0 (03100)